我国会计准则国际趋同及其影响研究

李晋霞 著

中国原子能出版社
China Atomic Energy Press

图书在版编目（CIP）数据

我国会计准则国际趋同及其影响研究 / 李晋霞著
. -- 北京 : 中国原子能出版社 , 2022.10
ISBN 978-7-5221-2254-0

Ⅰ . ①我… Ⅱ . ①李… Ⅲ . ①会计准则—研究—中国
Ⅳ . ① F233.2

中国版本图书馆 CIP 数据核字 (2022) 第 206014 号

我国会计准则国际趋同及其影响研究

出版发行	中国原子能出版社（北京市海淀区阜成路 43 号 100048）
责任编辑	刘东鹏
责任印制	赵 明
印 刷	北京天恒嘉业印刷有限公司
经 销	全国新华书店
开 本	787mm×1092mm 1/16
印 张	8
字 数	201 千字
版 次	2022 年 10 月第 1 版 2022 年 10 月第 1 次印刷
书 号	ISBN 978-7-5221-2254-0 定 价 76.00 元

前　言

会计作为国内企业与企业之间、国内企业与国外企业之间进行经济交流与合作的重要商业语言，已经得到了全球公认。随着全球经济一体化程度越来越高、资本的国际流动使得各国开始将目光转向国际会计准则，从客观上要求了世界各国的会计准则进一步实现趋同。由于国际会计准则理事会对制定国际会计准则的推动，国际会计准则受到了很多国家和地区的认同，会计准则在国际协调方面取得了极大的突破，如：欧盟已采用国际会计准则，日本重组了会计准则制定机构、并按照国际会计准则标准来制定日本的会计准则。另外，在现实利益的推动下，美国财务会计准则委员会也已全方位介入国际会计准则理事会。

为适应改革开放和全球经济一体化发展的需要，2005 年，中国财政部先后发布了 6 批共 22 项会计准则的征求意见稿，也全面地梳理、调整和修订了现行的 1997 年至 2001 年期间颁布的 16 项具体会计准则，最终在 2006 年初构建起一套企业会计准则的完善体系。从 2007 年 1 月 1 日起，中国上市公司正式执行新的会计准则，其他企业鼓励执行，此举基本实现了中国会计准则与国际会计准则的趋同。另外，次贷危机爆发后，中国作为全球最大的发展中国家和新兴市场经济国家，为响应峰会应对国际金融危机的倡议，于 2010 年 4 月发布了《中国企业会计准则与国际财务报告准则持续全面趋同路线图》，表明了中国对于会计准则国际趋同的立场和态度。在全球经济一体化的大背景下，各国之间的经济沟通与合作机会不断增多，作为一种世界性的经济语言，会计不仅是国内企业之间、不同国家企业之间商业沟通的重要媒介，还为国际市场与国内市场之间建起了一座特殊的桥梁。

本书从会计准则国际趋同这个视角，在概述会计准则及其国际趋同的概念、国际经验的基础上，阐述了我国会计准则国际趋同的动因、影响因素及相应的策略选择，并进一步从会计信息质量、企业股权融资及股价变动方面，动态地研究了我国会计准则国际趋同背景下产生的一系列影响，并提出了相应的建议，力求提高各国会计信息的相互理解，降低会计风险，促进资本的国际流动，为我国会计事业及企业发展提供可参考路径。

为确保本书的科学性与严谨性，在成书过程中作者参阅了大量的专著和文献，并引用了部分专家和学者的相关内容，在此表示衷心的感谢。因写作水平有限，书中难免有错误和疏漏之处，还望广大读者批评指正。

目 录

第 一 章　绪论

第一节　会计准则概述

一、会计准则的含义

对于什么是会计准则，中外学者有自己的不同看法。例如美国会计原则委员会认为会计原则是会计人员所提出的一致性意见，即：会计人员认可在会计工作中，哪些经济资源应记录为资产，哪些经济债务应记录为负债，哪些资产和负债的变动应予以记录，应在何时记录，如何计量和披露等。美国会计学会在其会计基本理论说明书中提出，应把相关性、可检验性、无偏见性和可定量性作为评价会计信息的标准，并建议采用五条会计信息传递规则：(1)适合预期的用途；(2)重大的关系；(3)包括环境因素，揭示重大的关系；(4)在主体内部和主体之间会计惯例保持一致；(5)会计惯例在时间上保持一贯。这表明美国会计学会认为会计准则应包括会计确认、计量和报告的基本规范。娄尔行认为可以将会计准则理解为会计实务在理论上的概括，经常被表述为会计工作应遵循的规则或指南，是判断会计工作优劣的准绳。杨纪琬认为会计准则是会计人员会计核算必须遵循的基本原则，是会计行为的规范化要求，也是会计工作法制化的重要组成部分。陈毓圭认为会计准则就是会计核算工作的规范，即就各项经济业务的会计处理方法和会计核算程序作出规定，为各企业的会计核算行为提供规范。葛家澍认为企业会计准则是企业会计核算的规范，会计准则来源于实践又高于实践，会计准则既接受会计理论的指导，又体现中国的方针政策，借助于企业会计准则，会计核算的规律性可提到一定的理论高度来认识。

综上所述，可以看出，会计准则是一种行为规则，是一个社会关于会计行为的规范，它提供了一个社会生产、传递会计信息的框架体系。

二、会计准则的性质

如果会计准则是一种行为规则，那么会计准则具有什么样的特征，会计准则是如何形成和发展的、会计准则对社会经济有什么样的影响呢？下文将分别对此进行讨论。

（一）会计准则是一种公共物品

萨缪尔森将公共物品定义为一个个人消费这些物品或服务不会有损其他人对此种物品或服务的消费。公共物品因其消费的非竞争性、受益的非排他性等特征与私人物品相区别。受益的非排他性意味着公共物品的消费不能排除他人的"搭便车"行为，即不可能阻止不付费者对公共产品的消费。

从公共物品的定义和特征判断，会计准则属于公共物品。一个国家或企业使用某项会计准则不阻止他国或其他企业对同一准则的使用。相反，使用该项会计准则的国家和企业越多，各国或各个企业提供的会计信息的可比性越高，越有利于会计信息使用者。因此，一项高质量的会计准则具有正外部性。提高会计信息的可比性，也正是各国在国内统一制订会计准则、全球各国家与地区间会计准则国际趋同的主要动机。如果某个组织或者国家的会计准则质量较高，其他国家可以利用"搭便车行为"直接采用该准则。例如有的国家和地区直接采用 IFRS，或者在面临新业务、新问题时，直接学习利用 IFRS 已有成果。

如果公共物品完全由私人提供，因公共物品消费的非排他性，所以私人无法获得必要的补偿，缺少必要的动力来提供充足的公共物品，因此市场机制无法调节公共物品的供给和需求。在市场失灵时，需要政府介入公共物品的供给。但是政府也是经济自利人，政府在介入公共物品的供给时，将根据其利益取向选择，形成集体决议。因此，由于政府的介入，将导致公共物品的生产和供给是各方博弈交易的过程。

会计准则的公共物品属性要求政府介入会计准则的供给，从全球各国和地区的实际情况看，会计准则也基本是由政府部门制定。即使是在美国，会计准则制订虽外包给民间团体，但 SEC 却是法定的会计准则制订机构。政府作为会计准则的供给人，与其他经济人一样是自利的，行事原则是他代表的政治集团利益的最大化。因此，会计准则供给方的垄断地位使得会计准则的生产总是短缺的，政府介入公共物品的生产也会因政府寻租、政府失灵等带来一系列问题。从会计准则的需求方看，消费是非竞争性的。在既定数量的会计准则供给条件下，会计准则规范的对象越多，就越值得制订。如果少数政府或政府的代理机构垄断会计准则的制订，供给的垄断可能导致制订出的会计准则质量不高。

会计准则的公共物品属性、公共物品的供给和需求的市场失灵，使得政府或政府的代理机构将介入会计准则的生产过程。目前世界各国或地区在自己的管辖权范围内，都是由政府或政府的代理机构保留会计准则的制订权利。2008 年全球金融危机后，20 国集团领导人峰会责成国际会计准则理事会（IASB）建设一套全球统一的高质量的会计准则，IASB 制订出的 IFRS 已获得越来越多国家和地区的认可，这使得 IASB 有可能成为全球会计准则的生产者，但是 IASB 能否成功完成这一任务，还将取决于 IFRS 能否持续取得全球主体国家和地区的认可，美国和日本推迟决定是否在国内采用 IFRS，中国和印度等经济体利用趋同方式采用 IFRS 的研究成果。进入 21 世纪后，IASB 大幅改革了其组织机构，IASB 的管理机构基金受托人中有多位来自世界主要国家和经济体的官员代表，因此，IASB 为了推动 IFRS 在全球的采用，将持续改革其组织机构，借助国际机构或者 20 国集团领导峰会等的支持使自己成为一个政府代理机构，取得全球会计准则的制订权。

（二）会计准则是一种制度安排

经济学家对制度进行了不同的解读。凡勃伦认为制度是指"个人或社会对有关的某种关系或某些作用的一般思想习惯"。康芒斯将制度解释为"集体行为控制个体行动"，集体行动包括从无组织的习俗到有组织的机构以至国家，它们通过利益诱导和禁忌等方式控制个体行动。舒尔茨（T.Schultz）认为，制度是行为规则，它们涉及社会、政治及经济行为。诺斯认为："制度安排是支配经济单位间可能合作与（或）竞争方式的一种安排，它可以是JT.式的，也可以是非正式的，可以是暂时的，也可以是长久的。""制度是一个社会的游戏规则，或者，更规范地说是人为设计的约束，用于界定人与人之间交往"，诺斯还讨论了制度环境、制度安排、行动集团、制度装置等。拉坦把组织纳入制度的范畴之中，拉坦认为一个组织（如一个家庭或企业）所接受的、外部给定的行为规则，是传统或另一组织决策的产物。

不同时代的经济学家对制度安排和制度变迁机制进行了研究。科斯认为，利用市场进行定价和资源配置是有费用的，科斯把这一费用界定为交易费用，并认为交易费用无处不在。科斯的研究揭示出真实世界中存在交易费用这一事实，因此宏观层面（如国家层面）和微观层面（如企业层面）都有动机和能力发现可降低交易费用的制度安排。诺斯认为当外部环境变化导致若干可能的利益空间存在时，某些主要行动集团预期到制度创新的收益，他们将会致力于制度创新，但是因制度创新所产生的收益的获取，是有成本的，如果预见到制度创新的收益不足以弥补可能的成本时，新制度安排就不会发生。拉坦特别重视制度变迁的需求与供给，它认为，制度变迁的需求，不仅仅是诺斯与托马斯所解释的人口增长的压力，由技术变迁或制度绩效的增长产生新的收入流，是制度变迁的重要激励因素，对于制度的供给，拉坦借用经济学中供给成本曲线的分析思路，提出了一个精彩的解释框架。拉坦认为，社会科学知识和相关领域如商业、法律、社会服务等知识的增长，使得制度变迁的曲线向右移动，降低了制度变迁的成本，提高制度变迁的效率，从而增加了制度变迁的供给，社会科学知识的进步，可减少制度创新中的"试错"过程，增加制度变迁的供给。拉坦认为社会知识的进步对制度变迁供给的促进作用，是通过影响意识形态来实现的，意识形态和（或）宗教影响较弱、民主化、公开化程度较高的国家，宏观政策的设计与制订对社会科学知识的依赖程度更高。林毅夫在"诱致性与强制性变迁"论文中强调了国家在制度变迁中的作用，强制性变迁是指由政府法令引起的变迁。林毅夫认为由于政府管制机构具有暴力优势，所以政府在推行制度变迁时，具有直接成本低、执行快等特点，但是由于国家的最大权威掌握在政治家手中，作为政治家的个人受其有限理性和自身利益制约，因此，政府强制性变迁的决策既可能会成功，也可能会失败。某项诱致性变迁如果得到政府的认可，并以法律或法规形势予以贯彻，它就具有强制性。例如某些会计处理最初是会计职业界总结会计处理实务后写入会计准则，但一旦会计准则得到政府部门的认可，就成为强制性要求。

会计准则作为对会计信息加工、传递和披露具有约束作用的规则，是制度的一部分或者一种制度安排，会计准则也是一种可降低交易费用的制度安排。诺斯把制度分为两种：降低交易成本的制度与降低风险的制度。如保险公司是一个降低风险的制度创新，股票交易所和网上交易则是降低交易费用的制度创新。按照诺斯的制度分类法，会计准则属于可以降低交易费用的制度。因为如果没有一套受到投资者认可的会计准则、没有值得社会依赖的注册会计师外部审计，上市公司如果想要在资本市场上通过发生证券（如股票和债券）筹集资本，需付出较高的资本成本。一套独立有效的会计准则，不仅可以降低契约成本，还可降低风险。例如通过实施充分稳健的会计准则，可以局部增强企业对抗外部市场风险的能力。有效市场假设表明，外部股东知道公司内部管理人员有可能采取机会主义行为来损害自己的利益，有效的制度安排，可以减少内部管理人员的机会主义行为。目前全球有100多个国家采用IFRS，不少国家在提到采用IFRS的原因时，都认为这种新的制度安排可以提高会计信息的质量，降低本国企业吸收外国资本或者在资本市场上的筹资成本。在应对本轮金融危机的过程中，20国集团领导人峰会也承诺建立全球统一的高质量的会计准则，以提高金融机构应对风险的能力。

制度变迁的各种理论也可以从各个国家和地区的会计准则（如美国、欧盟和中国）的变迁、国际会计准则的变迁进程得到证实。

制度变迁的发起需要成本（如IASB和FASB每年都需筹集大量的资金），拟订会计准则的成本高昂，但一项会计准则一旦制订出来，全社会都可以免费使用，其他国家和地区也可以效仿，准则制订者很难独享该项准则变迁的收益。例如美国FASB发布其财务会计概念框架后，其他准则制订机构（如IASB、英国、中国等）纷纷效仿。如果一项制度变迁发起的成本较低，那么即使该项制度容易被其他主体模仿，可能也很容易被创新。例如Watts和Zimmerman分析早期美国铁路业会计方法的演变时发现，当政府对铁路业的收费率进行管制时,铁路业为提高收费标准,将固定资产的折旧计入费用,尽管这一制度很容易被模仿,但因为它能给管理当局带来不菲收益,其变迁相对容易发生。一般说来,会计准则的制度安排一旦发生,任何人基本可以无偿使用,属于一种"公共物品",因此,只有政府进行一定程度的干预,新的制度变迁才会发生,从会计准则的制订和变迁看,不少国家和地区会计准则的制订或者是由政府管制机构完成(如德国、日本、中国等大陆法系国家),或者即使原来由民间机构承担,但政府机构也逐渐参与和干预会计准则的制订(如美国)。此外,由于变迁主体很难取得直接的制度收益,政府机构缺乏必要的利益激励,现代社会,由于各种媒体的介入报道"危机"事件,使得政府机构倾向于"多做多犯错,少做少惹祸",政府和民间机构两者都缺少进行会计准则这种制度安排的动力,使得会计准则制度安排的发生将后滞于现实环境的需要。由此可以预见,政府机构所发起的制度变迁,多与社会危机事件与外在压力直接相关。例如美国1929—1933年的经济危机促成了美国证券交易委员会的成立和美国会计职业界开始制订会计原则。法国在二次世界大战后,为了发展其经济,政府机构开始制订"通用会计制度",中国在1996年的"琼民源"事件后于1997年出台了第一个具体会计准则《关联方关系及其交易的披露》;针对"世纪星源债务重组"事件,出台了《债务重组》准则。2001年美国资本市场发生了多起大公司的财务丑闻,促使美国议会2002年通过了对会计准则的制订和审计职业界影响深远的萨班斯法案(SOX)。2008年全球性金融危机后,20国集团敦促IASB尽全力建立全球统一的高质量会计准则,IASB为应对金融危机,对金融工具、公允价值计量等会计准则进行修订。这些都是外部危机和外在压力促进会计制度变迁的实例。简言之,会计准则具有的公共物品的制度安排特征,使得会计准则的提供存在延迟提供和供应不足的现象。

拉坦认为,社会科学知识的进步将降低制度创新的成本,人们的知识存量在多个方面影响制度变迁。社会知识存量在相当程度上决定了制度变迁的方式与内容,社会掌握的现有知识存量能提供一个有关制度环境、现有的制度安排及其功能效果的知识,可以为制度创新决策服务。具体说来无论是日常生活的细小琐事,还是政府宏观政策制订等重大决策,人们总是自觉或不自觉地选择自己所熟悉的方案,一旦选定某种方案,就容易形成"路径依赖"。

现有知识存量对会计准则制订的影响,体现在很多方面,首先,会计准则制订机构的知识结构将影响该机构对会计准则的选择。例如中国在建国后,掀起了向苏联学习的高潮,认为苏联的今天就是中国的明天。当时中国会计的主要目标在于监督和指导计划的进行,由国家统一规定会计凭证、账簿格式及其填制方法等。进入20世纪90年代以后,我国经济发展开始学习欧美市场经济模式,会计准则制订机构对美国、国际会计准则的接触和理解较多,世界银行开展技术援助项目帮助中国开展会计改革。所以,这一轮的会计准则变迁,中国基本是以学习美国和国际会计准则为主,如1992年发布的基本会计准则,主要是借鉴美国财务会计概念框架。会计理论界自20世纪70年代末介绍国外会计时大都集中于美国、英国或其他英美模式国家的会计,1987—1992年《会计研究》上有关会计准则研究的论文,几乎全都是美国公认会计原则和国际会计准则,相反德国、日本等的会计规则很少被介绍。到2006年发布最新一版的会计准则体系时,整个会计准则体系与国际会计准则的差异不大。其次,会计制订的制订程序受会计准则制订机构所在国家政治法律文化环境的影响,例如美国会计准则制订采用"应循程序",与美国法律领域沿用已久的惯例、各利益集团的游说、干预不无关联,在中国这样中央集权为主的国家,政府决策部门在拟订或采用一项新的制度安排时,来自社会的阻力较小,因此,中国的准则制订过程可能不像美国、国际会计准则制订过程那么透明公开。最后,知识存量对制度变迁的影响还表现在制度执行层面。如果各执行人员或者被约束人员掌握与制度相同或相近的知识,将降低或减少新制度被采纳、应用的阻力,制度执行的成本也会大大降低。例如20世纪50年代,中国高等院校全面推行苏联的教育方式与教学内容,可以帮助中国更好地学习和执行苏联的制度。而现在,中国高校的会计教学基本是引进欧美教材,英语也是高校学生的主要外语,因此,能够接受和执行国际会计准则和美国公认会计原则的人才很多,相比之下,现在中国会计学术和实务界对苏联的继承者俄罗斯的会计规范知之甚少。从国际会计准则在全球的传播和我国会计准则制订机构、会计教学机构和会计实务界的知识存量积累看,相信我国在以后一段时间内还将以学习借鉴IFRS和美国公认会计原则为主。

总之,会计准则是一种制度安排,它可以降低市场的交易费用,会计准则这种制度安排的变迁受路径依赖的限制,改革开放以前中国的会计规范学习苏联,改革开放以后则主要是学习国际会计准则和美国公认会计原则。会计准则的变迁,由政府主导,具有强制性的特征,因由政府主导,使得会计准则的供给存在延迟和供应不足的现象。

(三)会计准则具有经济后果

经济后果是指财务报告影响政府、企业、投资者、债权人、工会等相关方的决策行为。这些个人或团体的决策行为可能影响其他团体的利益,会计准则作为规范财务报告生产的行为准则,准则制定者在选择会计处理原则时将考虑会计准则对决策行为的后果。

美国会计准则职业界从20世纪60年代起,注意到原来对会计准则制定没有兴趣的个人和团体开始积极参与会计准则的制定,并寻求影响会计准则。20世纪70年代以前,美国的会计准则政策制定者主要关心向实际的与潜在的投资者传递财务信息,关注的是技术性问题,如资产、负债和收益的计量,以及财务状况和经营成果的公允披露。但是自20世纪60年代起,第三方开始介入会计政策的制定,当时会计原则委员会(APB)就因不能处理好自己与影响准则制定程序的第三方力量的关系,被认为独立性不强,导致了会计原则委员会的解体和1973年美国财务会计准则委员会(FASB)的建立。

可以从美国会计准则制定过程中某些重点案例来看会计准则的经济后果。1958年递延税款贷项的会计规定。1958年,美国电力公司的三家附属公司请求联邦法院禁止美国注册会计师协会允许会计程序委员会将递延税款贷项划为负债。这三家公司担心使用这种方法会导致资产负债率不合规定,美国证监会按照《公用事业持股公司法》的授权,将不会同意它们发行债券。此案件直达美国最高法院后,美国证监会根据《公用事业持股公司法》做出裁决,同意公用事业公司把递延税款贷项账户列于负债和股东权益之外。1968—1970年企业合并的会计处理问题。会计原则委员会试图研究解决企业合并的会计处理问题,联邦贸易委员会和司法部倾向于取消权益结合法,以减缓兼并活动,但是有兼并意向公司反对这项提议并支持采用权益结合法。这使得会计原则委员会左右为难,最后它放弃了原则立场,在企业合并会计准则中要求,符合12项界线测试时允许采用权益结合法。这使得有意使用权益结合法的公司可以操纵合并交易的条款,以符合使用权益结合法的要求。企业合并会计准则成为一个典型的规则导向的会计准则。1986年对石油储备的会计处理。勘探油井投资的会计处理有成功法和完全成本法两种备选的会计处理方法。成功法要求公司必须将没有勘探成功的油井的成本费用化。完全成本法允许油井的勘探成本资本化或从勘探成功的油井今后的收入中逐年摊销。当时美国SEC的首席会计师曾提议不成功的勘探活动的会计处理不可以自由选择使用"完全成本法"或是"成功法",而是只能选择使用成功法。如果这项提议通过,那么短期内将降低主要从事勘探活动公司的净收益,长期看钻井活动成功率的波动将影响公司净收益的稳定性。因此,国会、能源及以勘探为主的石油天然气公司等向SEC施加压力,认为此举将对勘探活动筹集资金等产生负面影响,最终SEC投票否决了此项提议。1995年股票期权的会计处理。财务会计准则委员会提议改变雇员认股权的会计规则,但对FASB拟议的股票期权费用化持反对意见的人认为,此项改革,将会减少有经济前景的企业和小型公司的资本流入,影响就业机会的创造和经济的增长,削弱美国的国际竞争力。他们认为向大部分雇员授予股票期权的公司,受到的影响最大。最终,因面临的政治压力太大,FASB放弃了强制要求将股票期权费用化的做法,允许企业选择在损益表内确认或者用会计报表附注披露股票期权的金额。这一做法最终在2004年修订,统一要求把股票期权在损益表内确认。

为了应对外部团体的介入和对会计准则的经济后果做出反应,会计程序委员会在20

世纪 40 年代和 50 年代通过分发征求意见稿等措施加强与利害第三方的沟通；通过任命关键性的委员会、举办联合讨论会与专题讨论会和举行公众听证会等方式，引导利益相关方参与会计准则的制定。会计原则委员会（APB）因无法处理其面临的外部压力而解体，被 1973 年成立的财务会计准则委员会取代。财务经理协会与美国注册会计师协会成为 FASB 的联合资助人，并建立了会计准则制订的应循程序，扩大和加深了 FASB 与利益相关的外部团体，特别是著名公司、行业协会以及政府部门之间的相互沟通和交流。FASB 由全职委员组成，成员不仅来自会计实务界，而且吸收来自大学、公司和政府的代表，加速回应利益相关方关心的问题，同时，FASB 在其发布的准则公告中列出了准则的解释、各种争论和支持该准则结论的理由。尽管 FASB 表现出了对会计准则经济后果进行实证研究的兴趣，并在准则制订时考虑其经济后果，但是 FASB 也认为，尽管有必要考虑某项提议可能的成本与期望的收益，但 FASB 不应当被可能的经济影响过度干扰。

FASB 将自己定位于会计专业组织，把注意力集中在它的专业技能被认可的领域，在《FASB 介绍》中，FASB 宣称作为一个民间机构，财务会计准则委员会既无权威也无能力去权衡各种经常是相互矛盾的国家目标。财务会计准则委员会也不追求这种权威或能力。它唯一的使命是通过会计准则提高财务报表的有用性，以使公共或私人的决策者能做出更好的决策。而那些制定国家特定经济政策的意图，比方说增加国内石油产量，不适宜作为财务报告准则制定时的考虑因素。财务报告应为投资者提供相关、可靠、可比及公正的有用信息，否则，资本配置会被歪曲，而且最终财务报告上提供的信息的可信性会丧失。FASB 认为会计原则和公允披露应是指导会计准则决策的基本因素，如果只考虑准则带来的经济和社会福利的影响，它最终可能将面临被解散的命运。

美国证券交易委员会保留了制定会计准则的法定权力，但认可 FASB 发布的准则和解释。SEC 主席莱维特认为财务会计准则不应该在真空中审查提案，而应该有国家利益优先的观念，因为某些项目可能会与某个特定行业或国家的经济、政治或社会目标发生冲突就要求财务会计准则委员会停止进行该项目的做法不合适。如果财务会计准则委员会的议事日程仅限于合乎国会口味的范围之内，准则的制定也许就不会被认为是由职业界的独立机构完成的过程，报告信息会偏向于满足政治或社会目标的看法对作为证券市场动力的财务信息可靠性产生严重影响。

总之，尽管会计准则具有经济后果，但是准则制定机构希望投资者能取得按中立方式反映的企业的客观会计信息，而不是考虑政治、社会、经济目标制订会计准则，就像人们希望有关部门颁布的国家经济状况、生活费用、失业类和物价指数等统计资料时，希望这些信息不带有任何偏见，不因政府管理当局的政策目标而歪曲或偏离。向投资者提供有用信息的目标可成为会计准则制订机构高于一切的原则。

与美国相比,中国准则利益相关者参与会计准则的制订较少。这可能与我国的政治法律环境、会计准则的使用时间不长相关。首先,中国是一个中央集权的国家,企业长期执行政府机构制订的统一会计制度,以前的制度发布不需事先征求意见,现在虽然通过研讨会和特定渠道征求意见,但不公开收到的反馈意见。其次,我国20世纪90年代以来进行了几轮广泛深刻的会计制度改革,会计准则使用者需要不断学习掌握和应用新的会计理念和制度准则。最后,我国资本市场发展的历史不长、资本市场与会计信息的相关度不高,会计准则的经济后果没有充分体现。

综上所述,会计准则是一项行为规则,具有经济后果,作为公共物品的会计准则的选择是一个政府决策和各方博弈过程,是一种制度变迁,受制度变迁环境(各国政治法律、文化)和制度变迁路径依赖的影响,它具有社会性。但是会计准则作为规范会计信息生产和传递的框架体系,也是一种能降低交易费用的制度安排,如果根据会计准则生产的会计信息不带有偏见,反映经济交易事实,将可更好地为会计信息使用者服务。同时,会计准则作为一种公共物品,一旦被创造出来,可以被其他人无偿借鉴和使用。

第二节 会计准则国际趋同概述

一、背景与历程

经济全球化是二战以来世界经济发展的主要特征之一,为了使全球化的经济顺利运行就必须建立起现代市场经济的国际规则。想要融入全球经济,各国就必须将自己的法律法规、政策制度等向国际通行规则靠拢和接轨,以实现国内市场与国际市场的对接。对于会计准则而言,其受到的冲击尤其显著,各国传统的公认会计准则必须不断调整来适应经济全球化的挑战。在这个背景下,1973年6月29日,由英国、美国、日本、澳大利亚、加拿大、法国、联邦德国、墨西哥和荷兰9个国家的16个主要会计职业团体,在伦敦发起成立了国际会计准则委员会(IASC)。该委员会的成立标志着民间会计职业团体开始了全球会计准则协调化的,也可以看作是会计准则国际趋同的起点。

IASC将其宗旨定位为,"为了公众的利益,制定和公布编制财务报表应加以遵守的会计准则,并推这些准则在全世界范围内的接受和遵守"。为了实现其宗旨,IASC在考察各国已经颁布执行的会计准则基础上,制定了希望世界各国普遍接受的国际会计准则

（IAS）截至 1998 年年底，它共制定了 40 项 IAS。但是 IASC 软弱的工作态度引起了诸多不满，一方面它要努力提升财务报告的质量，另一方面它又希望自己制定的会计准则能让成员国和国际组织接受，前者需要大刀阔斧地减少各国会计准则的差异，而后者则要求不能大幅度地改变主要成员国现有的会计准则。两难的选择常常使 IASC 的工作陷入被动，因此，它在发布 IAS 时不得不回避争议较大的问题，经常采用折中妥协的处理办法。

为了改变这种状态，自 1999 年起各成员国开始对 IASC 进行全面的改组。2001 年改组完成，成立了国际会计准则理事会。其宗旨在于"我们的使命是制定国际财务报告准则，为全球资本市场带来透明度、问责制和效率。我们的工作促进了全球经济的信任、增长和长期金融稳定，符合公共利益。"改组而成的 IASB 加大了向世界各国或地区的会计准则制定机构推广其制定的国际财务报告准则（IFRS）的力度，大大促进了 IFRS 的趋同和认可。

2002 年 7 月，欧盟部长理事会通过了 1606/2002 号法令，要求所有在欧盟上市的公司于 2005 年 1 月 1 日起按照 IFRS 提供合并财务报表。这条法令的通过引起了巨大的反响，一些尚在犹豫中的国家或地区纷纷表态，紧随其后强制采用 IFRS。南非、香港、澳大利亚也在同一年采用 IFRS；中国自 2007 年 1 月 1 日起执行与 IFRS 全面趋同的新企业会计准则；新西兰也是从 2007 年起执行 IFRS；以色列、智利和巴西分别 2008 年、2009 年、和 2010 年开始要求其境内上市公司执行 TFRS；加拿大、印度和韩国则从 2011 年起开始执行 IFRS；2012 年后更多的国家或地区则开始执行 IFRS，如阿根廷、墨西哥、俄罗斯等。据 2018 年 IASB 官方调查结果显示：全球已有 144 个国家或地区要求所有或者大部分上市公司采用 IFRS，占 166 个被调查国家的 87%；其中还有 86 个国家或地区要求或允许在中小企业中采用 IFRS；要求使用 IFRS 的国家或地区的 GDP 总额达到 35 万亿美元，占全球 76 万亿美元 GDP 总额的 46%；全球 88 个主要证券交易所的 27 000 家上市公司采用了 IFRS。尤其值得注意的是乍得、中非、刚果、贝宁、喀麦隆等 17 个非洲国家宣布，于 2019 年 1 月 1 日起正式采用 IFRS。可以说 IFRS 已获得了全球主要经济体的广泛认可和支持，全球执行统一的高质量的会计准则的目标在一定程度上已经得以实现。

二、会计准则国际趋同的目的

现代经济依赖于跨境交易与国际资本的自由流动。在所有金融交易中，超过三分之一的交易是跨境进行的，预计这一数字还会增加。投资者在世界各地寻找多样化的投资机会，也在多个国家筹集资本，进行交易。跨国公司在各个国家拥有业务和子公司。在过去，由于不同国家维持着自己的一套会计核算体系，这种跨境活动显得复杂烦琐。不同的会计体系往往增加了编制财务报表的成本和难度,也给报表使用者带来理解的难度和风险。而解决这一难题则需要了解各国会计准则的细节,因为即使要求稍有不同,也会对公司财务业绩和资产状况产生重大影响。例如同样的业务在一国的可能被确认为利润,而根据另一国的准则却会被确认为亏损。

IFRS 则通过提供一套高质量、国际公认的会计准则来应对这一挑战。IFRS 的支持者认为,这些准则为全球资本市场带来透明度、问责制和效率。可见,提高效率是会计准则国际趋同的根本目标。

透明度:IFRS 通过提高会计信息的国际可比性和质量带来透明度,使投资者和其他市场参与者能够做出知情的经济决策。

问责制:IFRS 通过减低资本委托方和代理方的信息差距来加强问责制。IFRS 要求提供的信息都是必需的,以使管理层负责。作为全球可比的信息来源,IFRS 对全球监管机构也至关重要。

效率:IFRS 有助于投资者发现全球的机会和风险,从而改善资本配置,提高经济效益。对企业而言,使用单一、可信的会计语言降低了国际报告的编制成本,也降低了资本成本。

第三节 会计准则趋同的国际经验

一般认为,世界经济一体化是推动全球性会计准则出现和发展完善的根本原因。资本的逐利本性、信息技术发展带来的交易成本的降低使得越来越多的投资者可以在全球范围内进行投资配置,国际投资者力量的增强要求增加财务报表的可比性、不愿意容忍多套不同的会计游戏规则,依据"本国特色"的会计准则编制的财务报告将可能不被国际投资者接受。本节分析各国会计准则趋同的动机、目的和路径。

一、各国和地区会计准则趋同的动机和目的

(一)美国会计准则趋同的动机和目的

美国在 20 世纪 70 年代国际会计准则委员会成立时,参与的积极性不高,这与当时国际准则委员会定位于协调各国的会计准则、IAS 没有强制性和权威性直接相关。1995 年 IASC 获得国际证券业组织联合会(IOSCO)的认可,承诺在 IASC 完成核心准则的制订后推荐其在全球跨境资本交易中使用。2000 年,国际会计准则(IAS)获得欧洲委员会认

可，要求欧盟所有上市自 2005 年起使用国际会计准则编制其合并报表，这意味着国际会计准则第一次真正落到实处，开始有企业使用它编制对外财务报告。

进入 21 世纪以后，信息技术的应用大大降低了证券跨地交易的成本（例如现在中国投资者可以通过网络证券交易在中国买入和卖出纽约证券交易所上市的股票，其成本几乎为零）和投资者获取证券交易信息的难易程度和获取成本（如今的网络时代，公开信息在网络传播和接受基本没有增量成本），这极大方便了资本的跨境流动。

美国有全球最大的资本市场、美国证券交易委员会是法定的上市公司会计准则制订机构，SEC 把保护投资者利益、保持美国资本市场的流动性和竞争力作为自己的使命。财务会计准则是向投资者提供会计信息的一项重要制度安排，美国的准则制订机构在其 80 年的准则制订历程中，制订出了一套复杂的、得到业界认可的准则，与其国内的税法、行业监管法律法规共生共存。美国各界认为本国的公认会计准则代表了国际先进水平。

那么为什么美国改变其早期对国际会计准则参与积极性不高的态度，开始考虑国际趋同、制订与国际财务报告准则趋同路线图、并与国际会计准则理事会开展联合项目，积极引导和参与国际财务报告准则的制订呢？本书认为原因有三：

一是经济全球化和资本的跨境流动。今天各主要经济体休戚与共，全球经济一荣俱荣、一损俱损，资本市场更是如此，很少有经济体能独善其身。

例如 2007 年以次贷危机发生为起点的金融危机，逐步演变为全球性经济危机，此次危机被认为是自 20 世纪 30 年代大萧条以来最严重的经济危机，因为认识到需齐心协力共同应对此次危机，全球国民生产总值最大的 20 个国家的首脑每半年聚首一次，共同商讨如何解决全球经济问题。2009 年 4 月的伦敦峰会和 9 月的匹兹堡 20 国领导人峰会发布共同声明，都要求制订一套高质量的国际会计准则，并把这个职责交给了 IASB。

美国的国民生产总值、资本市场的规模虽然绝对值依然是遥遥领先，但其在全球经济中所占的份额正在下降。美国要发展其经济、扩大其资本市场，降低企业在资本市场上的筹资成本，不能仅依赖其自身的实力。美国为保持其资本市场的吸引力，不仅需要提升其对国内投资者的吸引力，也需要提升美国资本市场对国外投资者的吸引力。这意味着如果建立一套全球统一的高质量的国际会计准则，不仅可以帮助美国国内投资者理解、比较评价美国国内和国外投资机会，也可以节约美国国外证券发行人的成本、增加美国资本市场对国外证券发行人的吸引力。

二是全球使用或承诺使用 IFRS 的国家或经济体越来越多，使得其网络效用和外部性效果明显，美国希望争夺和取得在国际会计准则中的话语权。1995 年国际会计准则委员会与国际证券业组织联合会（IOSCO）达成协议，承诺在 1999 年完成国际会计准则核心准则的制订以使得该套准则能在跨境资本交易中使用,1999 年 IASC 如期完成了核心准则的修订,并在 2000 年得到欧洲委员会的认可,自 2005 年开始欧盟上市公司的合并报表中使用国际会计准则。美国证券交易委员会是国际证券业组织联合会的成员,需遵循其决议。此外,自 2005 年 IFRS 开始在欧盟上市公司合并报表中使用以来,越来越多的国家和经济体开始使用或者承诺使用 IFRS 编制对外财务报告,至 2021 年年底,全球有 160 多个国家和经济体承诺和开始使用 IFRS。除此之外,虽然像日本这样的全球重要资本市场和经济体未承诺开始使用国际会计准则,但已与 IASB 签订备忘录,对两者的准则趋同进行研究并起草了是否选择使用国际会计准则的时间表。

如果 IFRS 能够在全球主要国家或者经济体得到使用,其网络效应和使用 IFRS 编制财务报告带来的正外部性将大大增加,美国如果不参与国际会计准则的制订及趋同历程,将带来政治上的孤立,并影响美国未来在 IASB 中的话语权。

三是美国会计准则被认为是世界上最先进、最复杂和完备的会计准则体系,但是 2001 年以来其国内出现安然公司、世界通信公司等财务丑闻危机,使其意识到美国纷繁复杂的以规则为导向的会计体系有其内在缺陷,国际会计准则体系以原则为导向也有其可取之处。如 2002 年 IASB 的主席泰迪就安然事件在美国国会作证时曾委婉指出安然事件的教训之一就是美国会计准则与国际会计准则不同,美国会计准则以规则为导向,规则导向在会计信息的真实性与公允性方面不如原则导向。

安然事件后,美国监管部门对会计准则的制订、实施及监督进行了深刻的反省。应国会要求,美国证券交易委员会对准则制订方式进行了反思,2003 年美国 SEC 发表了《对美国财务报告体系采用以原则为基础的会计模式研究》,美国准则制订机构 FASB 对此报告进行了回应,双方承诺将以目标为导向,减少会计准则中的界线测试、比例测试,要求外部审计师在审计中更加注重职业判断,提升财务报告和会计信息的质量。这与国际会计准则取向一致。

美国从提高和保持其资本市场的竞争力、保护投资者利益、争夺国际会计准则制订的话语权、提高美国会计准则的总体质量等角度出发,从 21 世纪伊始,加大了美国公认会计原则与国际会计准则趋同的研究,更积极地参与和引领国际会计准则的制订。1999 年在国际证券业联合会(IOSCO)认可 IASB 制订的核心准则后,时任美国证券交易委员会(SEC)主席的利维尔特发表声明,表示支持 IOSCO 在协调统一会计准则方面的努力,但是强调全球统一的会计准则必须是高质量的、透明度较高、能提高会计信息可比性的准则。2002 年 9 月 FASB 与 IASB 签署了诺沃克协议(Memorandum of Understanding-The Norwalk Agreement),表达了双方趋同的立场,承诺双方将尽最大努力使其财务报告尽快达成一致。

2005年4月里克拉森提出了美国公认会计原则（US GAAP）与国际财务报告准则（IFRS）的趋同路线图，表明最迟到2009年美国公认会计原则与国际财务报告准则将实现趋同。2006年2月，FASB与IASB签署了《2006年至2008年谅解备忘录》，FASB和IASB两个委员会达成共识：通过高质量通用会计准则的制订以最大限度地达到会计准则的趋同，双方就短期项目和中长期项目合作达成一致。2007年11月美国SEC通过了取消拟在美国上市的外国公司依据美国会计准则调整其财务报告的规定。2008年8月，美国SEC发布了走向与IFRS趋同的路线图的征求意见稿，指出美国SEC将在2011年决定是否启动制定关于要求美国上市公司在2014年开始依据IFRS编制和列示财务报告的规则。2008年4月和9月，FASB和IASB更新了2006年签署的备忘录，双方协调开展联合项目和应对次贷危机的措施。在此之后，IASB和FASB两个委员会不断发表声明，承诺将遵守其准则趋同的承诺，并公布其开展的联合项目的时间进度表。2011年5月，美国SEC发布如何在美国发行者的财务报告系统中应用国际财务报告准则工作计划（征求意见稿）向公众征求意见，对美国不同规模的证券发行者采用何种方式、何种时间表使用IFRS进行讨论。2007年，美国SEC做出决定，允许在美国上市的外国公司可以直接提交按照IFRS编制的财务报告，不再需要按照美国公认会计原则进行调整。同时，美国SEC曾打算允许部分公司从2010年起提前采用IFRS，条件是该公司所属行业的全球性竞争对手（以市值衡量排名全球前20名）大多数已采用IFRS编制其财务报告。

总之，美国监管部门（如SEC）和会计准则制订机构（如FASB）出于保护投资者利益、提升美国资本市场的竞争力、取得美国在国际会计准则制订中话语权等方面的考虑，自21世纪以来，开始采取积极行动，考虑与IFRS的趋同，并在趋同过程中试图充匀国际会计准则制订的领导者。

（二）欧盟会计准则趋同的动机和目的

欧盟是一个区域性国家间组织，其前身是欧洲经济共同体，正逐步从国家间的经济一体化走向政治一体化。从欧洲经济共同体时代起，欧盟就开始通过颁布和实施财务与会计指令在地区范围内进行会计协调，指令具有很强的法律约束力，要求各成员国将会计指令写入相关的法律法规。1978年7月25号首次发布了关于公司年度财务报告格式的第四号指令，1986年为银行和其他金融机构补充了特殊规定并在1991年为保险企业补充了特殊规定。但利用会计指令进行协调的方式存在一些问题：首先是会计指令允许有多种选择权，各国继续保持自己原有的编制报告的规定和传统，不同的国家对指令条款有不同的理解和解释，会计指令中只包含一些最基本的要求。其次是监督指令在实务中贯彻落实由各成员国执行，各国执行监督力度和时间表的不同使得各成员国报表的可比性和透明度不够。最后是欧盟各成员国(如具有代表性的德国、法国、英国和荷兰等)在会计目标、会计环境和具体会计核算上存在重大差异,有些差异是根本对立的。例如法国和德国强调形式重于实质,两国的税法对会计核算有深刻的影响,而英国和荷兰的情况正好与此相反。

实现各成员国之间资本、劳动、贸易的自由流动,建立共同的经济市场是欧盟的基本目标,共同经济市场的建立特别是资本市场的统一要求财务信息可以自由流动、可比。当时欧盟会计协调的模式面临着几种选择:一是继续利用会计指令进行会计协调,并扩大会计指令协调的广度和深度;二是停止利用会计指令进行会计协调的努力,成立欧盟自己的准则制订机构为欧盟成员国提供统一的会计准则;三是将欧盟的会计协调范围从欧盟扩大到全球,欧盟内部的会计协调与会计的国际协调相辅相成。

欧盟于1999年5月发布了金融服务行动计划(FSAP),计划利用6年的时间即在2005年或者之后建立统一欧盟的金融市场,尽快将欧盟各国建成统一的金融实体和经济实体。1999年制定的FSAP打算采取43条措施以清除欧洲金融市场一体化进程中的障碍,这意味着欧盟需对其会计协调做出选择。

此时,国际会计准则委员会完成了与国际证券业联合会(IOSCO)之间的协议,已修订完成国际会计准则的核心准则,并将国际会计准则推荐给各国的证券监督机构,这意味着在国际资本市场上,即跨境资本交易中,IAS将可能被各国接受和采纳,IASC具有充当全球会计准则制定者的潜力,具备与美国公认会计原则竞争的可能性。如果欧盟选择利用国际会计准则,而不是自己制定会计准则或者继续通过会计指令来协调欧盟内部的会计,则可能取得如下收益。

一是欧盟无须承担高额的准则制定成本,却获得了通向国际资本市场的会计通行证。当时,在国际资本市场上有广泛影响的准则主要是美国公认会计准则和国际会计准则。美国公认会计原则的市场地位来源于发达的美国经济对会计理论与实务的要求,也是美国监管机构和职业会计团体花费了大量人力物力、适应经济环境变化调整修订的结果。如果欧盟放弃国际会计准则,选择美国公认会计准则,欧盟难以对美国公认会计准则施加直接影响。

二是欧盟在成员国内使用国际会计准则的转型成本更低。国际会计准则是以原则为基础的会计准则,与当时欧盟指令之间并没有重要冲突,并且国际会计准则已经综合了多个国家的特点,而美国以规则为基础的会计准则,详细而具体,执行美国准则需要对会计人员进行大量的教育和培训,因此,选择国际会计准则有利于其被欧盟各国和企业接受。可以降低转型期成本。

三是争取会计准则国际化的主导权。欧盟与国际会计准则委员会（IASC）一直是密切合作关系，例如 IASC 在 1973 年成立时 16 个职业团体中，有来自法国、德国和英国的职业团体，IASC 的总部设在英国的伦敦，主席长期由欧洲人担任。欧盟率先在其成员国采纳国际会计准则，一方面可显示其对国际会计准则的实质支持；另一方面其执行和监管经验可以帮助国际会计准则回应美国 SEC 和 FASB 认为国际会计准则缺乏实践、没有经受考验等方面的批评，取得国际会计准则制订的主导权和影响力。事实上，欧盟使用国际会计准则的经验为国际会计准则的经济后果评价、准则效力等实证研究提供了可能，帮助国际会计准则从纸上落到了实地。

基于以上的考虑，2000 年 6 月，欧盟委员会发布建议书，要求欧盟的 7000 多家上市公司（包括银行和保险公司）从 2005 年开始采用 IFRS 编制合并财务报表。2002 年 3 月，欧洲议会通过欧盟委员会草案，要求欧盟上市公司最迟于 2005 年 1 月 1 日开始根据 IFRS 编制合并财务报表，这标志着国际会计准则开始应用于企业、落到实处。

（三）澳大利亚会计准则趋同的动机和目的

澳大利亚对于会计准则的国际协调一直持积极态度，澳大利亚是国际会计准则委员会（IASC）的创始成员之一，也是改组后的 IASB 成员。澳大利亚的第一步是与其邻国新西兰的会计协调。1994 年 7 月，澳大利亚会计准则委员会（AASB）发布了第四号政策公告"澳大利亚—新西兰协调政策"，1996 年 4 月发布第六号政策公告"国际协调政策"（PS6）开始了与国际会计准则的协调。2001 年，澳大利亚修订了《澳大利亚证券与投资委员会法案》，促进在澳大利亚会计准则制定过程中采用国际最佳实务。2002 年 4 月，澳大利亚修订了 1994 年发布的第四号政策公告，指出通过参与 IASB 和国际会计师联合会的活动，寻求制订一套国际上可接受的会计准则，在最大限度保障澳大利亚利益的前提下，制订与 IFRS 协调的澳大利亚会计准则。2002 年 3 月欧盟做出的 2005 年开始在上市公司合并报表中利用 IFRS 的决议，成为澳大利亚决定在 2005 年决定采用 IFRS 的催化剂。澳大利亚官方认同，澳大利亚报告主体应与欧洲一致，相信在全球主要资本市场采用统一的高质量会计准则将极大推动跨国投资、降低投资成本，澳大利亚采用 IFRS 可帮助澳大利亚公司在海外筹集资金（包括债务资本和权益资本）。澳大利亚基本是完全采用 IFRS，只是加入了与澳大利亚法律环境相适应的篇幅。

（四）加拿大会计准则趋同的动机和目的

2005 年，随着全球产品市场和资本市场对 IFRS 的认可，加拿大资本市场监管者开始考虑用 IFRS 取代国内的会计准则。但是加拿大国内某些行业（特别是油气公司）反对利用 IFRS，认为应采用美国公认会计原则。因为加拿大 80% 的出口面向美国，60% 的国外投资来源于美国,但最终加拿大监管者却决定采用 IFRS。2006 年 1 月,加拿大会计准则委员会(AcSB)宣布启动正式程序,将加拿大会计准则与 IASB 的准则趋同以便自 2011 年 1 月起,加拿大公司可以按 IFRS 提供报告,特别值得注意的是加拿大这个全球主要经济体,决定全面采用 IFRS,不设例外和限制。加拿大国内会计准则的趋同目标选择有两个:一个是采用国际财务报告准则(IFRS),另一个是采用美国公认会计原则(US GAAP)。加拿大经济严重依赖对外贸易,2005 年对外贸易大约占其国内生产总值(GDP)的 75%,而在 20 世纪 90 年代大约为 GDP 的 50%,外国直接投资占 GDP 的比例超过 30%,对外投资占 GDP 的比例大约为 37%。这一比例说明加拿大经济越来越全球化了。尽管比重在下降,但美国一直是加拿大最重要的贸易和投资伙伴。自 2005 年以来,加拿大油气行业的几个主要公司一直在游说加拿大监管机构采用美国公认会计原则。加拿大会计准则制订机构自 20 世纪 90 年代以来一直在协调加拿大会计准则与美国会计准则,当时,人们认为加拿大下一步将采用美国公认会计原则,当时也存在不同的声音。例如国际性会计师事务所反对采用美国公认会计原则,认为加拿大可以有其他选择。因为尽管加拿大在经济上与美国联系紧密,但政治和经济管理体制却与英国关系密切。例如自 20 世纪早期加拿大就开始发展公司治理和会计实务,两者深受英国影响,加拿大也是英联邦的创始成员。加拿大对英国的认同使得其更认可总部在伦敦的 IASB。与其巨型的美国邻居相比,加拿大的经济规模和资本市场的规模较小,加拿大很难对美国会计准则施加影响。因此,加拿大最终选择了 IFRS。

(五)巴西会计准则趋同的动机和目的

2010 年 3 月,巴西确定将全面使用 IFRS,过去 15 年来巴西被认为是全球最成功的经济体之一,经济增长强劲,与中国、俄罗斯、印度、南非并称为金砖国家(BRIC)。巴西预计,在不久的将来,其国内生产总值将超过法国和英国,成为全球第 5 大经济体。巴西拥有丰富的自然资源(包括食品、矿产和油气储备),目前国内政治稳定,长年困扰其经济发展的恶性通货膨胀在过去十几年得到了强有力控制,通货膨胀率保持在 1.5%~5% 之间。巴西为控制通货膨胀,采取了银行合并、浮动汇率等方式改革金融部门,从日益全球化的经济和金融一体化中受益,巴西的跨境资本流动量日益增加,目前正致力于通过机制和制度改革提升公司治理水平,帮助更多的巴西公司在圣保罗证券交易所上市,以使巴西居民可以更好地进行证券投资。

IASB 理事,巴西前央行官员,Amaro Gomes 认为,高质量的会计准则是国家发展的基石,它有助于吸引投资、降低资本成本、提供通向国际市场的通行证。巴西政府甚于对自己国内资本市场的信心,因此决定财务报告制度从国内体系向国际体系转变。早在

2000 年,政府就启动立法程序,帮助巴西消除使用 IFRS 的障碍,这些障碍最终在 2007 年 12 月得以清除,并在 2008 年 1 月完成了立法程序。巴西前央行行长和财政部长 Pedro Malan 认为,转向 IFRS 可以提升巴西公司在国际资本市场、投资者、分析师、审计师、评估机构、股东和利益相关人中的形象。

巴西官员相信,一套国际认可的会计准则非常重要,高质量的准则是有效分配稀缺经济资源的重要因素,提高财务信息的可比性可以帮助投资者决策。目前巴西货币和金融稳定、经济持续增长,此时,投资者对巴西的信心主要受以下因素影响:一致的宏观经济政策、控制经济波动的能力、降低经济休克对国内金融业的影响,从而降低危机发生的可能性。如果企业能采用一套高质量的会计准则(该会计准则具有一致性、综合性、以清晰的原则为基础),则可以帮助降低市场失衡的可能性。高质量的公司财务报告是吸引和保护投资者的根本手段,这不仅可提高可比性,而且良好的公司治理和责任心可以提高投资者对公司信息的信心。理论上说,公司可以因自己能提高关于公司财务状况、业绩、风险管理等全面的、相关的、及时的信息而获益。这类公司可以更容易从资本市场获得资金、降低其资本成本、使得经济资源配置更有效。

巴西的公认会计原则逐步与 IFRS 趋同,巴西自 2006 年开始培训使用 IFRS。2006 年在中央银行监管下开始培训金融中介机构,2008 年开始对上市公司进行培训,以在 2010 年与 IFRS 全面趋同。那些股东来自美国、欧洲和巴西的公司原来需按照美国公认会计原则(US GAAP)、巴西公认会计原则(Brazilian GAAP)和国际财务报告准则(IFRS)编制其财务报告,可能按其中一套准则编制的财务报告为亏损,而按另一套准则编制却显示为盈利,那么公司需要解释两者的差异。从 2010 年开始,将取消巴西公认会计原则,统一按 IFRS 编制所有的财务报告。自 2010 年 6 月起,中小型企业将正式使用 IFRS 编制其报告,这种改革将给巴西的中小企业(SME)带来革命性影响。从 2009 年 1 月的数据看,巴西有 5900 万家中小型企业,占巴西企业的 99%,尽管并非所有的中小型企业都将使用 IFRS,因为巴西的中小企业法允许小企业按简式会计制度保留其会计记录,预期相当多的中小型企业因其资金提供人(主要是银行)的要求,仍将使用中小型企业准则。中小型企业以前主要是税收驱动,管理水平不高,但提供了很多工作岗位,因此,相信如果中小型企业能使用 IFRS,将有助于中小型企业的管理层能利用透明度更高的信息管理企业,以便以更低的成本获取资金。

巴西的中央银行长期以来支持 IASB 制订一套高质量的会计准则,随着全球经济和金融一体化程度的提高,巴西中央银行认为与国际认可的会计准则趋同更加重要。巴西中央银行认为,IASB 应考虑全球企业环境和经营活动的多样性,使其准则能代表多样的全球环境,巴西承诺将持续支持 IASB 的发展,以满足全球机构对会计准则的预期目标。巴西认为,转向国际认可的 IFRS,有利于保持经济能按巴西模式增长,这是巴西进行这种转变的主要动力,这与巴西前财长和前央行行长在 IASB 任职不谋而合,它显示了巴西对全球经济的影响力。

因此,可以看出,巴西选择全面与 IFRS 趋同的动因是利用 IFRS 提升巴西公司对投资者的吸引力、提高巴西公司治理水平,降低筹资成本保持经济的持续增长,通过参与 IASB 的活动提高巴西对全球经济发展的影响力。

(六)印度会计准则趋同的动机和目的

印度的会计规范分为法律和会计准则两种形式,法律(如公司法)监管企业会计信息的加工与披露,会计准则由印度注册会计师协会(ICAI)负责制订,起初仅对 ICAI 成员有约束力,1999 年修订公司法后,印度新的公司法第 211 节规定:公司在编制资产负债表和损益表时必须符合会计准则的要求。这一法律规定提升了印度注册会计师协会制订的会计准则的法律地位。但是 ICAI 制订的准则需取得中央政府的认定和公告才能获得公司法的认可,国家会计准则顾问委员会(NACS)履行中央政府认定 ICAI 会计准则的职能,架起了民间准则通向政府准则的桥梁。

因为曾长期是英国的殖民地,印度的政治、法律、制度和经济发展深受英国体制的影响,独立后为争取自由发展空间,印度曾实行过带有计划经济特征、中央政府集中控制的经济模式。但是这一时期印度经济发展缓慢并在 20 世纪 90 年代初发生了严重的国际支付危机,因此,印度政府在此后实施了"自由化、市场化、全球化和私有化"的经济改革,因其经济增长较快与中国、俄罗斯、巴西和南非一起被称为金砖国家。

20 世纪 90 年代初,印度开始实行经济改革,开放了国内资本市场,允许外国投资者直接投资于国内股票市场、直接建立独资企业和合资企业,并鼓励印度企业去海外上市。同时也涌现了一批在信息技术和医药行业有国际竞争力的企业,如印度的 Infosys Technologies 公司,因其业务拓展到多个发达国家,曾自愿发布按美国公认会计原则(US GAAP)、澳大利亚、英国、日本和德国等国家会计准则编制的合并资产负债表和收益表。此外,印度证监会(SEBI)受国际证券业联合会的影响,在上市规则中曾要求纳入一些印度的法规中尚未规范的内容。

因此,印度曾有学者总结后认为,印度会计国际趋同的动因包括三个方面:资本和产品市场国际化的需要、法规的变化以及国际会计与证券组织的推动。此外英国对印度语言、文化、法律和公司治理等方面的影响也不可忽视。

从印度国际趋同的具体步骤看:2000 年 7 月,印度会计准则制定机构 ASB 制定颁布了印度《编制财务报表的框架》(The Framework for the Preparation and Financial Statements），基本照搬了 IASB 的《编报财务报表的框架》(1989 年框架）。2007 年 10 月，印度注册会计师协会公布政策文件《印度与国际财务报告准则趋同的概念性文件（Concept Paper on Convergence with IFRSs in India》，并宣布于 2011 年开始实行与国际会计准则趋同。2008 年 12 月，欧洲委员会给予了中国、韩国、加拿大和印度等国家阶段性的会计等效认可，即允许自 2009 年 1 月 1 日起印度证券发行者在进入欧盟市场时可以使用印度会计准则，认为印度会计准则已经与 IFRS 实现了实质趋同，不过印度的会计等效认可仍需在 2011 年年底前再次审议。

2007 年 7 月，印度特许会计师协会宣布，按《公司法》的要求，印度所有上市公司及银行及保险公司等其他公众利益主体自 2011 年 4 月以后将采用 IFRS；2008 年 5 月，印度政府也公开支持上述趋同目标。印度会计准则的国际趋同目标，与中国类似，追求的是与 IFRS 的等效，而不是逐字逐句的相同。印度特许会计师协会表示，印度不准备分阶段实施，而是要求所有公众利益主体全面采用与 IFRS 等效的印度会计准则，2008—2009 年，印度将修订其会计准则，并对会计从业人员进行相关培训，在 2010 年消除差屏，2011 年 4 月为采用 IFRS 的转换日。印度的中小型公司将不采取 IFRS，而将采用印度本国的中小主体会计准则。

（七）日本会计准则趋同的动机和目的

日本是参与创立 IASC 的 14 个职业团体之一，IASB 中有日本委员，也发布日语的 IFRS 征求意见稿，这些都表明了日本与 IASB 的良好互动关系。

2004 年 10 月，IASB 主席戴维·泰迪向日本会计准则理事会（ASBJ）提出了双方协作减少 IFRS 与日本会计准则之间差异的议案。2004 年 10 月 12 日，ASBJ 和 IASB 就以上议案举行了非正式会谈。双方表示将加强合作以缩小日本会计准则与 IFRS 之间的差异，最终目标是实现日本公认会计原则与 IFRS 的趋同，以促进全球资本市场的发展。其后，双方每半年举行一次会议。

2005 年 7 月，欧洲证券监管委员会（CESR）对日本与欧盟会计准则的等效性进行评估后，认为日本会计准则体系中的 26 个项目有必要根据 IFRS 进行修改。从 2005 年开始，日本会计准则国际趋同与等效工作即围绕这 26 个项目展开。2006 年 7 月，日本金融服务局计划和协调委员会发布了一份标题为《会计准则国际趋同》的报告，旨在鼓励各利益相关方推进日本会计准则的国际趋同。2007 年 8 月，ASBJ 与 IASB 签署了《东京协议》，宣布双方为在 2011 年实现日本公认会计原则与 IFRS 的趋同将采取的步骤和行动，加快日本会计准则与 IFRS 的趋同步伐，并密切关注欧盟对第三国公认会计原则的等效评估。

欧盟委员会于 2008 年 12 月发布了最终决议,宣布日本公认会计原则与欧盟采纳的 IFRS 实现了等效。至此,日本公认会计原则和 IFRS 之间的主要差异已经被消除。

2009 年 2 月 13 日,日本金融服务局(日本的证券监管机构)正式发布了题为《国际财务报告准则在日本的采用》的咨询文件,向公众征询意见。该咨询文件提出从 2010 年开始允许符合条件的闩本公司自愿选择采用 IFRS,并在 2012 年前后决定是否强制所有公司采用 IFRS 的趋同路线图。2011 年 5 月美国证监会发布工作人员立场公告之后,日本金融厅随后在 6 月 21 日宣布推迟决定采用 IFRS 的时间,即在 2015 年 3 月之前不会做出强制日本企业采用 IFRS 的决定。

从 2007 年日本 ASJB 与 IASB 联合签署的《东京协议》可以看出,日本实现与 IASB 国际趋同的动因是为了促进全球资本市场的发展,其中提到从 2008 开始实施的短期趋同项目主要是为了消除欧盟会计准则等效评估中提到的 26 个项目,以便根据日本准则编制的财务报告能获得欧盟资本市场的认可。但长期趋同项目的实施取决于外部环境的变化和会计准则国际趋同在全球的进展情况,没有一个特定的时间表。2009 年 6 月,日本金融服务局(JFSA)公布了日本 IFRS 的中期报告,报告中指出日本允许其国际性公司(经营活动和融资活动具有国际性)自愿使用 IFRS 编制其合并报表。日本将在考虑 IFRS 的质量、并能得到持续应用等因素后,考虑是否在日本强制使用 IFRS,但 IFRS 将只用于编制上市公司的合并报表。日本引入 IFRS 时,将采取一次全部引入(即大爆炸)或者分阶段引入的方式。

二、各国会计准则趋同路径研究

目前全球有 100 多个国家和地区要求或者允许使用国际财务报告准则(IFRS),其中包括 20 国集团(G20)的绝大多数国家。

各国在使用或者采纳 IFRS 时,采用了不同的方式,包括完全使用法,即直接使用国际会计准则理事会(IASB)发布的 IFRS,使用前不需经过评估或国内机构的介入;不完全使用法,即通过国家层次或者跨国层面的认可流程,全部使用 IASB 发布的准则或在使用中允许与 IASB 发布的准则存在某些地方性差异。不论是完全采用法还是不完全使用方式,各国和地区因自己特殊的法律和监管要求,对报告主体提出比国际财务报告准则更多的披露要求。

(一)完全使用法

利用完全使用法的国家和地区,在 IASB 发布国际财务报告准则(IFRS)时,直接认可和接受该准则,不需经过当地机构的认可,就在该国适用。采用这种方式的国家,该国的监管机构在履行其监管职责时将严重依赖 IASB 发布的 IFRS 来履行保护投资者的职责、维持资本市场有效。目前使用完全使用方式与国际会计准则趋同的国家很少。例如自 2010 年开始,巴西公认会计原则将取消,巴西中央银行要求所有银行从 2010 年起全面采用 IFRS 编制和发布财务报告,这一决定适用于所有上市和非上市金融机构,2007 年 7 月,巴西证券交易委员会发布公告,要求在过渡期内(2007—2009 年)内巴西上市公司可以选择采用 IFRS 编制财务报表,从 2010 年年末起,则必须全面采用 IFRS。同时,巴西不仅在上市公司和金融机构采用 IFRS,在其中小型企业(SMEs)也将使用 IFRS。加拿大注册会计师协会(CGA-Canada)曾建议加拿大停止制定自己的会计准则,直接采纳国际会计准则。

(二)不完全使用法

全球大部分国家在与国际财务报告准则(IFRS)趋同时,没有采取完全使用法。美国证券交易委员会(SEC),将不完全直接使用法分为三种模式:趋同法、认可法和趋同认可法。

1. 趋同法

采用趋同法的国家和地区,不直接采用 IASB 发布的国际财务报告准则(IFRS),或直接将 IFRS 引入自己的准则体系,而是保留自己的准则并努力将本国准则与国际财务报告准则趋同,采用这种方式的代表国家有中国。

中国的企业会计准则没有直接采用 IFRS,而是选择与 IFRS 趋同,即努力使得按中国企业会计准则与按 IFRS 编制的财务报告实质上没有差异,并且中国准则制订机构承诺将持续消除中国企业会计准则与 IFRS 的差异并与 IFRS 持续趋同。2005 年 11 月,中国与国际会计准则理事会签署了联合声明,确认了中国会计准则与国际财务报告准则只在关联方认定、资产减值损失转回和同一控制下的企业合并等极少数问题上存在差异,实现了与 IFRS 的实质性趋同。世界银行经过为期一年的问卷调查和实地调研等系列评估工作,于 2009 年 10 月完成并正式发布了《中国会计审计评估报告》,认为中国可成为其他国家仿效的良好典范。此外,中国 2010 年发布的准则趋同路线图中提到,中国企业会计准则将保持与国际财务报告准则的持续趋同,持续趋同的时间安排将与 IASB 的进度保持同步。

2. 认可法

大部分国家,如欧盟,采用了认可法。采用认可法时,各国和地区使用明确的标准,将 IASB 发布的 IFRS 逐个引入自己的准则体系。各国和地区最终引入本地的 IFRS,可能会导入地方性差异。有些国家和地区可能设立了较高的门槛,其引入的 IFRS 与 IASB

发布的准则差异不大，有些国家，可能为完成国家层面或行业层面的监管，在原 IFRS 的基础上前有所改变或者增加。例如欧盟要求其成员国公开交易其证券的公司，按欧盟采纳的 IFRS 编制合并报表，改变现有或新发布的 IFRS，需通过欧盟特定机制。欧盟在实施其认可机制时，不会改变 IASB 发布的 IFRS，但却可能对某些 IFRS 采取部分采纳的方式，例如其曾对国际会计准则第 39 号（IAS39）金融工具的确认和计量中某些套期会计条款持保留态度。欧盟引入的双重认可机制，可能使得欧盟采用 IFRS 的时间与 IASB 发布 IFRS 的时间存在时差，但欧盟一般都在 IFRS 正式生效前完成其认可机制。

具体说来，欧盟对 IFRS 采用了"双层认可"机制，即"技术层面"和"法律层面"的双重认可。首先，"技术层面"由欧洲财务报告咨询组（EFRAG）代表各成员国的会计准则制定机构、报表编制和使用者、会计职业组织代表，对 IASB 正在进行的项目（如征求意见稿、讨论稿）或修订的 IFRS 进行分析，提出欧盟对该项目的意见，在准则发布后向欧盟提议是否采用该准则。其次，"法律层面"由欧盟成员国代表组成的欧洲会计监管委员会（ARC）根据 EFRAG 的意见，向欧盟委员会相关部门建议是否采用该准则，欧盟委员会就此做出决定并报欧洲议会批准。履行批准程序后，该准则可成为欧盟所认可的 IFRS 的一部分。目前欧盟仅要求其成员国对上市公司的合并报表采用欧盟认可的 IFRS，公司的单体报表和非上市公司仍可采用各国自己的准则。欧盟对 IFRS 是否符合欧盟利益的内部审议程序严格，例如欧盟曾对 IAS39—金融工具准则中公允价值选择权的相关规定持有保留态度并对国际财务报告准则第 9 号—金融工具第一阶段的成果采取暂不审议的做法，利用技术和法律层面的认可机制对 IASB 施加力，要求 IFRS 在制定过程中考虑欧盟的利益。

澳大利亚也采用认可法将 IFRS 引入其国内。但其认可机制与欧盟有所不同，澳大利亚的准则制订机构——澳大利亚会计准则委员会在 IASB 发布相应的准则（包括征求征求意见稿）时，将 IFRS 引入澳大利亚，保持与 IASB 的发布准则和准则生效时间的同步，但是澳大利亚一般会在准则中加入与澳大利亚监管机制相适应的段落。

3. 趋同认可法

趋同认可法，由美国 SEC 的 Paul A.Beswick 在 2010 年 12 月的一次讲话中提出。他认为美国可采用趋同认可的方式引入 IFRS。简而言之，即在转型期，美国的公认会计原则（US GAAP）和 IASB 的 IFRS 向同一方向趋同。转型期后，美国将按确定的标准，对 IASB 新发布的 IFRS 采取逐个认可的方式，将 IFRS 引入美国资本市场，即美国与 IFRS 趋同的方式，将是介于上述的趋同法和认可法之间的一种方式。

美国 SEC 在其 2011 年 5 月发布的引入 IFRS 工作计划中，进一步解释了趋同认可法。但是美国在转型期内将采取有别于其他国家和地区已实施的趋同法。美国将分步骤、分阶段，而不是采用大爆炸的方式使用 IFRS 代替美国公认会计原则。美国把 IFRS 分为三类：第一类 FASB 和 IASB 共同合作制订的准则，第二类 IASB 计划修订或改变的准则，第三类是其他现有的 IFRS。对于第一类准则，因为是 IASB 和 FASB 的联合项目，符合 FASB 的准则也就符合 IASB 的准则。对于第二类准则，FASB 将积极参与这些准则的制订，并待准则制订完成和生效后，再评估其影响，培训美国证券发行者理解和使用这些准则，考虑在尽量不改变准则的情况下，以适当方式引入准则。对第三类准则，美国将考虑一次性或者在一段时间内（比如说 6—7 年）将这些保持稳定的 IFRS 引入美国。以便美国证券发行者可以逐步适应 IFRS，降低转型成本。转型期后，根据美国公认会计原则编制的财务报告也符合 IFRS 的要求。美国仍将保留现有的准则执行和监管机制。例如美国 SEC 仍将肩负保护投资者利益和维护资本市场公平、有序和高效的重任。FASB 可能不再制订美国准则，但是代表美国参与 IFRS 的发展、参与推广高质量全球公认会计准则、承担将 IFRS 认可引入美国的职责。同时，美国的非公众公司仍将使用美国自己的会计准则。

截至 2021 年年底，美国会计准则得到了广泛的国际认可。因此有国家（如加拿大）曾考虑把美国准则作为自己趋同的目标。20 国集团领导人峰会也要求 IASB 与 FASB 开展合作以实现 IFRS 与美国准则的趋同，IASB 在建设 IFRS 时也借鉴美国的已有成果（如 IFRS13）。因此，美国会计准则国际趋同的动因与其他国家和地区有区别，主要不是为了准则等效、帮助美国企业获得其他资本市场的通行证，而是为了维护美国资本市场对全球投资者的吸引力、提高美国投资者在全球范围内配置投资的便利性、降低跨国经营美国公司编制财务报告的成本，利用 FASB 在 IASB 中发挥准则制订的领导作用，争取国际会计准则的话语权。

欧盟在 IASC 制订的核心准则获得 IOSCO 认可时（即 1999 年），为降低欧盟制订准则的成本、提升国际会计准则的地位，能在全球范围内与美国会计准则竞争，率先要求欧盟资本市场上的上市公司使用 IFRS 编制其合并报表，帮助 IFRS 取得了与 US GAAP 竞争的可能性。巴西、印度、澳大利亚、加拿大等经济体出于其经济全球化、吸引外国投资者、提升本国企业在国际资本市场形象、取得和保持对国际会计准则中的影响力等需要，也先后选择支持与 IFRS 的国际趋同，但因为各国和地区文化法律环境等方面的不同，选择采用不同的方式引入 IFRS。

综上，全球国际会计师事务所发布的调查报告显示，54 个拟采用 IFRS 或者与 IFRS 趋同的国家或地区中，向 IFRS 趋同的策略各有不同。58% 的国家准备采用 IFRS 替代本国的会计准则，22% 的国家以 IFRS 作为本国会计准则制定的基础，其他国家或地区选择消除本国会计准则和 IFRS 之间的差异来实现趋同。从世界各主要经济体的表态看,各国和地区选择了不同的方式与 IFRS 接近。欧盟是第一个直接实际应用 IFRS 的地区,通过认可机制在最初整体引入 IFRS 的基础上、将后续修订的 IFRS 一个一个引入欧盟,欧盟主持开展的会计准则等效也是以 IFRS 为基础的,因此可以说欧盟是 IFRS 最早和最坚定的同盟军。澳大利亚和加拿大等英联邦国家受英国影响,也先后加入了 IFRS 的队伍,并基本是以直接采用的方式先整体再单个准则方式引入 IFRS。巴西作为新兴经济体,为帮助巴西经济和投资者融入全球获得在 IASB 中的影响力,在不同规模层次企业主体上都整体引入 IFRS。而印度虽然深受英国影响,对 IFRS 的认可度较高,但因国内经济发展水平参差不齐,需要协调 IFRS 与国内法律法规之间的关系,因此印度没有直接引入 IFRS,而将是按 IFRS 的精神来建设本国的会计准则。以实现与 IFRS 的趋同。美国发布了多项与 IFRS 趋同相关的工作计划,预计美国最终将决定在国内资本市场引入 IFRS,在分阶段引入 IFRS 后,将对新准则采取个别引入方式,但美国的强势地位意味着其在与 IFRS 趋同的过程中,不会扮演追随者,而是引导 IFRS 的发展。日本对 IFRS 的态度则受美国的影响。

第 二 章　我国会计准则国际趋同

第一节　我国企业会计准则国际趋同概述

一、会计准则趋同策略的含义

对于何为策略，汉语字典的解释是策略亦作"策畧"。有三层含义，一是指谋、计谋。二是根据形势发展而制定的行动方针和斗争方法。三是有斗争艺术，能注意方式方法。哈佛大学的策略大师迈克·波特给策略所下的定义是，策略是做选择（取舍）、设定限制（何者可为、何者不可为），选择自己的目标，并且根据自己的实际情况，如在所属产业的位置，量身定做出一整套活动。

有人说策略是一项艺术，也是一种科学，一个计划完整策略，可以带来重要的竞争优势，但因为好的策略可以被竞争对手模仿，所以通过策略带来的竞争优势通常不会维持得太长久。如果将波特的策略理论应用于我国的会计准则趋同语境中，则我国的会计趋同策略应包括以下方面的内容。

首先，应确定中国会计趋同目的，是为了兑现加入世界贸易组织承诺和20国集团领导人峰会的声明，还是为了吸引外资、帮助中国企业获得海外资本市场的通行证，取得会计准则的等效。

其次，如果会计趋同的目标是会计准则等效，那么需要做什么权衡取舍？例如是否需要放弃部分会计准则制订权、将准则制订权交给一个自己不能直接影响和控制的国际组织如IASB，需要增加准则制订和执行的透明度？

再次，会计趋同过程中的限制条件是什么？哪些可以做、哪些不能做？例如中国的会计准则应用者是否有能力实施与中国环境差异甚大的IFRS？中国的市场环境是否不适宜引入某些准则中优先选择的会计处理方法？如果市场环境不允许，是否属于计划经济的遗留、属于未来改革的对象？会计准则是否能先行一步，帮助建立成熟的市场机制？如果会计准则应用者的能力不够，是加强准则培训，还是不直接采用IFRS的方式或者在IFRS的基础上，出台更多的中国式应用指南。或如果各类型企业的应用能力差别较大，是不是可以分阶段在不同范围内引入 IFRS？

最后，在回答以上问题的基础上，根据中国在会计准则国际趋同中所处的位置，制订出完成会计准则国际趋同目标需开展的一整套的活动。例如以何种方式融入国际会计准则体系，推进的节奏和速度是什么？如何增强本国在国际会计准则体系的话语权和获取"搭便车"效益等。

二、我国企业会计准则国际趋同的动因

中国的会计准则和会计规范一直由中央政府制订和发布，因此，可通过相关主管官员和专家学者发表的文章来理解我国会计准则国际趋同的动因。

张为国认为我国证券市场的发展，包括境外上市是推动我国会计国际趋同最主要因素。证券市场的发展要求根据公开、公平和公正原则保护投资者的权益，会计准则和会计制度与信息披露规范之间存在明显的互动关系。因此，证券市场的发展使得我国会计目的、会计信息质量、会计与税务法规等的关系发生了转变。中国的会计准则和制度与国外先进的准则体系相比，仍有相当的差异，例如没有强调投资者和债权人的信息需求，准则的内容过于简单导致操作性不强和易于被操纵，准则制定速度不够快等。我国企业在国际资本市场付出沉重代价，包括筹资成本过高，交易非常不活跃，再筹资能力差等。为降低我国企业参与全球竞争的成本和经济改革开放的要求，有必要加快会计国际化的速度。

冯淑萍认为由于中国没有得到美国、欧盟认可的市场经济地位，我国企业成为境外头号反倾销调查对象，反倾销调查发起国有权根据世贸规则引用替代国的生产成本等数据计算所谓的正常价值，因此，寻求市场经济地位对我国的会计准则建设有重大影响。同时，我国经济影响力的提升增加了中国在国际会计准则中的发言权，为利用国际资源解决中国会计问题提供了渠道，积极参与可以帮助中国争取自己的利益。

葛家澍认为中国在 2005 年前后的几年，加快建设与国际趋同的会计准则和审计准则，是中国经济引进外国投资和发展境外投资的双重需要。国际资本流入中国以及中国资本在世界范围内流动，要求我国会计准则是高质量的准则，与国际惯例趋同。同时，世贸组织要求其成员国在会计和财务报告方面有相同或类似的游戏规则，中国会计准则国际趋同顺应中国的入世承诺。为争取更多国家承认我国的完全市场经济地位，美国、日本、欧盟等国和地区尚未承认我国是完全市场经济国家，倾销与反倾销的斗争对我国经济干扰很大。欧盟曾明确宣布它之所以不承认中国的完全市场经济地位，原因之一是中国缺乏与国际趋同的本国准则。因此，与国际惯例趋同有利于保护我国的经济利益。

刘玉廷认为 2006 年新版企业会计准则在总结我国会计改革经验基础上，借鉴了国际

会计准则的成果,除存在个别差异外,已与国际会计准则实现了实质趋同,获得了国际社会的广泛认可,但是会计准则的国际趋同只是第一步,趋同不是目标,会计等效才是目标。

中国官方机构在 2010 年 4 月首次发布了《中国企业会计准则与国际财务报告准则趋同路线图》,路线图谈到,其制订是响应 2008 年和 2009 年 20 国集团(G20)领导人峰会和金融稳定理事会(FSB)建立全球统一的高质量会计准则的倡议,旨在实现中国企业会计准则与 IFRS 的持续趋同。路线图认为中国企业会计准则已实现与 IFRS 的实质趋同并说明了中国企业会计准则与 IFRS 持续趋同的时间安排,即中国企业会计准则的趋同时间将与 IASB 的进度同步。此路线图中没有直接阐明中国企业会计准则趋同的动机,路线图正式稿中去除了征求意见稿提到的与 IFRS 全面持续趋同中的"全面"两字,保留了与 IFRS 的持续趋同。相关人员谈到发布趋同路线图原因时,主要提到以下三个方面。

一是顺应国际趋同大势,推动会计准则持续国际趋同。据统计,世界上已经有包括欧盟各成员国、澳大利亚、南非等在内的 100 多个国家和地区要求或允许采用 IFRS,有些国家和地区已推出或正要推出与 IFRS 趋同的路线图,并且在 2008 年国际金融危机爆发后国际趋同有加快的势头,可以认为这是经济全球化背景下做出的理性选择。

二是发布路线图可以帮助中国开展下一阶段的会计工作,提升会计信息透明度。发布路线图可以表明中国对会计准则国际趋同的立场和态度,及时向 IASB 反映中国特殊的会计问题,在国际规则的制订和遵循中发挥建设性作用。

三是认为准则的趋同是基础,等效是中国企业会计准则的目标。中国企业会计准则与 IFRS 趋同的目标是为了启动与那些采用 IFRS 国家和地区的会计准则等效。2005 年11 月中国与 IASB 签订声明,指出中国企业会计准则已实现了与 IFRS 的实质趋同后,中国与多个国家和地区启动了会计准则等效的工作,有些已经取得了显著进展。

综上可知,我国会计准则国际趋同的动因主要有顺应经济和资本市场全球化的要求;完成中国加入世界贸易组织的承诺、获得欧美和日本等经济大国认可中国完全市场经济地位,引入外国投资和便利我国产品和资本走出国门,帮助中国融入全球经济。加入会计准则国际趋同的步伐,可帮助中国利用国际资源解决会计问题并提升自己在国际规则中的影响力。会计准则的趋同,是为了帮助中国企业获得海外资本市场的通行证,即趋同是手段,等效是目标。作为 20 国集团的成员,中国也需要响应 20 国集团领导人峰会建立全球统一的高质量会计准则的倡议,与 IFRS 趋同。

总之,中国会计趋同的主要目的是为了获得外界认可,并希望通过积极参与 IASB 的准则制订,IASB 能考虑中国面临的特殊情况,增加中国对 IFRS 的话语权。趋同的目的是获取采用 IFRS 国家和地区的等效认可。

第二节 中国会计准则国际趋同策略的影响因素

一、中国企业会计准则的发展

（一）会计准则改革的建立阶段

20世纪90年代，为适应国家经济的发展，财政部也悄然开始了会计准则改革的进行曲。财政部在听取了多方意见之后，在会计方面展开了一系列改革，颁布《企业会计准则》，这是一部具有跨时代的意义准则，这也是我国会计制度向社会主义市场经济转变的伊始。差不多在同一时间段，我国的股份制改造也进入了实施阶段，为了更好地适应经济的发展，财政部为此颁布了《股份制试点企业会计制度》，并且展开试点工作，至此，我国企业的股份制改革也开始与国际接轨。我国财政部于1997年颁布《关联方关系及其交易的披露》，这也是国内第一个用于规范企业的具体的会计准则。在经济快速发展的21世纪末的近十年里，通过我国不断地探索和发现会计准则的建立之路，我国的会计准则改革也基本确立。

（二）会计准则改革的发展阶段

21世纪的头一年，为了紧跟国际会计的发展，同时配合我国企业自身发展的需要，财政部发布了《企业会计制度》。2004年，在立足我国企业发展实际的基础上，财政部针对小企业会计核算存在的不规范等问题，参考国际会计的准则，财政部发布了《小企业会计制度》。2005年，在广泛听取专家工作组意见的基础上，财政部完成了我国企业会计准则体系的制定，并于2006年对外正式发布，自2007年首先在上市公司实施，这标志着我国会计准则体系正式建立。21世纪初，在立足自身和不断借鉴的基础上，在近十年勇于挑战和尝试的背景下，我国会计体系不断发展。

（三）会计准则改革的完善阶段

2010年，根据我国自身会计准则与世界会计发展状况，财政部印发《中国企业会计准则与IFRS持续趋同路线图》，为我国的会计制度与国际接轨的发展道路奠定了基础和方向。为了进一步提高会计信息质量，财政部于对《企业会计准则——基本准则》进行了修订和更新，规范其发展，并于2014年颁布。十三五时期，我国继续深化改革开放，坚持科学发展，于2016年，财政部出台了《会计改革与发展"十三五"规划纲要》，这也是在我国会计体系发展的新历史背景下，所提出的会计准则纲领性改革和发展规划，提出了新的总体要求。2017—2021 年,我国会计准则改革也在有条不紊地进行中,如对企业财务决算的修订、培养全国会计领军人才等等,我国的会计准则改革在这一时期不断地完善。

二、我国企业会计准则与国际财务报告准则的差异分析

比较我国的会计准则体系与 IFRS,不难发现,二者之间有以下形式上的差异。

(1)准则的结构。我国的新会计准则体系包括基本准则、具体准则和应用指南。基本准则的内容虽与 IASB 概念框架类似,但两者的地位却不同。IASB 财务会计概念框架中明确指出:概念框架不是一份国际会计准则。中国的基本会计准则以部长令的形式签发,属于部门规章,具体准则及其应用指南属于规范性文件,基本会计准则是会计准则体系的一部分,并且地位高于具体会计准则和应用指南。

(2)计量模式的选择。我国 28 项直接解决经济业务与交易确认和计量的具体会计准则中,历史成本是优先选择的计量属性,中国对于公允价值,采用的是"谨慎使用"原则,但 IASB 却选择公允价值作为各项 IFRS 的主要计量基础。

(3)资产减值。我国资产减值的定义、计提基础、可收回金额的估计、资产减值损失的确认与计量,以及资产组的认定与减值处理等规定,与 IFRS 基本一致。区别是 IFRS 允许资产减值的转回,但中国则不允许转回非流动资产的减值。

(4)企业合并。我国准则将企业合并分为两类:同一控制与非同一控制下的企业合并。前者采用权益结合法,按账面价值计量并且不确认商誉;后者采用购买法,按公允价值计量并确认商誉。IFRS 只允许采用购买法。

(5)养老金的设定受益计划。我国的会计准则不涉及此内容。准则制订机构解释因为我国现行的养老保险计划和雇员福利计划一般采用设定提存计划,会计准则中没有必要对设定受益计划进行规范。但是,目前我国也有企业开始在其补充养老金计划中采取设定受益计划的方式。

(6)恶性通货膨胀会计。我国没有专门的恶性通货膨胀会计,只在外币折算准则中规定对于发生恶性通货膨胀的国家或地区境外报表重述时,应按一般物价指数进行重述。我国会计准则制订机构对此的解释是我国实行社会主义市场经济,出现恶性通货膨胀的情况不大。

(7)关联方关系及其交易的披露。国际准则将同受国家控制的企业均视为关联方、所发生的交易都视为关联方交易。中国准则认为仅同受国家控制但是不存在直接控制、共同控制和重大影响的企业不认定为关联企业。

三、中国会计模式的转变

《现代汉语词典》将特色一词定义为："事物所表现的独特的色彩、风格等"。中国会计的特色应是那些中国有、外国没有的问题。一国的会计模式受该国特定的政治、经济、法律和文化环境的影响，作为商业的语言，经济环境是影响一个国家会计发展的主要因素。如果按阿伦的研究，中国改革开放前的会计模式属于强调服务于集中经济计划的苏维埃模式，而国际准则受英国和美国的影响较大，强调真实和公允、保护投资人的利益，IFRS正向金融模式转变，强调会计准则为投资者决策服务，会计确认、计量和披露转向以价值为基础，不仅反映过去、也需要预测和估计未来。因此，如果中国向 IFRS 趋同，那么也必将面临会计模式的转变。

建国后，中国实施的是计划经济、以国有经济为主体，企业经营生产的资金由国有银行提供、企业商品生产和服务提供及其销售按上级下达的计划安排、价格也由国家管理、经营的成果不区分税收和利润向国家上交。在这种经济体制下，企业之间不形成债权债务，当然也不需要对债权进行估计。不区分上交给国家的企业所得税和利润也就意味着不需要对企业的所得税进行核算，产品和服务的销售有国家计划保证、不会发生通过市场交换不出去或者交换价格剧烈波动的情况，计划经济下不需要对企业生产出的产品、支持产品生产的固定资产和长期投资等进行减值测试。同理，企业都归国家所有，因此企业之间资产或者产权的交换只需要以划拨形式进行，没有必要规范企业合并、资产重组等的会计处理，企业生产经营仅需对国家负责。经济改革开放的过程，就是逐步以市场机制取代国家计划分配经济资源的过程，同时，允许外国资金、国内集体和个人投资设立企业。国有企业的资金也从拨款改为贷款、银行和企业都开始独立核算经营成果、区分利润和税收；企业生产出的产品或者服务通过市场互相交换。这意味着企业存在不能通过市场交换和销售产品或者服务的可能性、市场的价格也是波动的，因此企业可能无法通过市场收回自己的债权和投资、归还银行贷款和向企业的所有者分配利润。此时，企业之间可能发生债务重组、有必要对企业资产进行减值测试。企业所有权的转换发生在不同所有制性质的企业之间，因此，也有必要规范企业合并的会计处理。区分利润和所得税、利用市场机制激励员工创造更好的产品或者服务要求有所得税准则、股份支付准则等。由于企业不再统一是国家所有，因此需要关联方交易准则披露不按市场交易原则进行的交易。

20 世纪 90 年代初，中国开始发展自己的资本市场，鼓励企业通过资本市场筹集资金和转让企业的所有权，这要求提高企业财务报告的透明度，以取得投资者的信任，以较低的成本筹集资金或者以较理想的价格出告自己的产权，国家也鼓励资金所有者和筹集者通过资本市场直接交易,降低全社会的交易成本。

改革开放 40 多年后,我国的政治体制和市场经济仍然呈现自己的特色。政府部门在经济事务中承担主要和引导性角色,国有企业作为我国社会主义政治体制的根本基础,占据主要地位,大多数大市值上市公司属于国有控股企业,国家是企业最大的股东。资金的价格(例如利率和汇率)仍由政府管制,重要的资源产品如石油、煤炭、电力和水、土地的价格也由政府控制。这使得中国的市场经济体制有如下特点。

(1)公开、公平、公正的市场交易环境还待完善。如果在市场交易中,交易的双方不是独立的利益主体,他们之间的交易很难说是独立、客观、公正,这对会计真实公允反映这些交易提出挑战。中国仍旧存在着大量国有大型企业集团,他们的人事权和资金权利等与政府、其他国有企业之间有千丝万缕的联系。许多上市公司是原国有企业剥离部分资产和负债形成的,由国有的母公司控制。为了维持上市公司的地位,政府或者其母公司会进行某些显失市场公平公允的交易。例如在企业连续亏损时,其母公司可能利用债务重组准则单方面豁免上市公司的债务,或者对企业进行大额捐赠、将盈利资产交给上市公司托管等方式来提升上市公司的业绩。而在上市公司业绩较好或者资金充裕时,可能通过出租出借固定资产和商标、无偿占用资金等方式掏空上市公司。因此,如何确认、计量和报告这些关联交易就成为会计难题。我国债务重组准则和公允价值在会计实务处理中的反复选择也证明了这一点。

(2)市场体系还有待在多个方面发展完善。我国虽然努力以市场体制取代计划体制进行资源配置,但是政府和企业、个人对市场体制的接受和适应程度仍有待提高。我国一般商品虽然已通过市场来发现价格和实现交换,但货币市场、外汇市场和资本市场还没有完全放开,资金的价格(利率)仍由国家管制、货币市场的进入由国家发放许可、实行管制性浮动汇率、资本项目下的外汇还没有完全放开。资本市场的进入(如股票和债券的上市交易)严格由国家机构核准审批。这些导致资金价格在不同身份的企业之间差异很大,不能说资金价格是投资者按风险高低要求的报酬率。资本市场上的交易价格也有严格管理,例如实行严格的涨跌停限制。某些重要商品如石油、电力等价格也由国家管制,企业的生产经营面临市场和政府政策的双重不确定性。政府管理市场经济的能力和前急剧变化的外部环境使得我国政策不够稳定。这些都对会计处理产生重大的影响。例如资产估价时,利率是重要输入参数,受管制的利率可能并不代表企业筹集资金的实际利率,利用这种利率可能高占企业债券和投资项目的价值。例如我国股份支付准则要求对授予的期权按模型估值,从企业披露的无风险利率输入参数看,取值差异甚大。同样地,一般认为资本市场是发现证券公允价值的最佳场所,但是我国资本市场严格的涨跌停限制使得资本市场不能充分消化获取的信息、在市场交易价格中充分体现。例如重庆啤酒（SH600132）在疫苗实验数据披露后曾经历八个跌停，股价从停牌前的81元跌到31.3元，跌停打开前的交易价难以体现其真正的市场价格。

（3）我国使用者对会计信息的竞争还不能形成均衡态势。以上市公司为例，大多数上市公司有控股股东，公司治理中存在大股东所有者缺位和政府干预企业经营问题。企业管理层为了完成其业绩目标，在会计信息的提供中无法保持中立性。我国部分国有股虽然是可流通的，但是我国政治体制要求国家保持一定的持股比例，部分股票实际上是不流通的。虽然我国近年来努力培育机构投资者和专业分析师队伍，但是分析师多数是卖方分析师，站在上市公司的角度而不是普通投资者的角度推销股票，近两年的多起研究报告事件充分表明了这一点。基金公司等机构投资者也屡现基金经理老鼠仓或内幕交易事件，这充分表明希望通过机构投资者和专业财务分析师来推动上市公司提供透明、中立、真实公允的会计信息仍是征途漫漫。为发展民营经济而设立的中小板和创业板中，家族控制企业为主，第一代创始人身兼控股股东和企业经营管理层的职责，也不需依赖于公开的财务报告。这些使得我国上市公司的中小股东与大股东之间地位不平等。

中国的文化环境也有自己的特色，中国传统文化强调集体主义，社会价值决定个人价值、尊卑礼让。我国的社会管理和价值观中，尊重政府和权威，个人不习惯与政府或组织（如单位）正面对抗或积极反馈信息，更习惯以消极怠工来反抗。政策法令由政府特别是中央政府颁布，但是可能是"上有政策，下有对策"。建国以后，我国的会计工作由政府统一管理，企业习惯于执行政府出台的制度和准则，权威级别越高，企业的接受度可能越高，但是企业在实际执行过程中，可能考虑自己小团体的利益，无视或者故意忽视会计准则的要求，这一点在我国企业会计准则执行中也有所体现。长期封闭式的沟通模式使得政府和企业从心理上对公开会计信息较为抵触，国有企业的业绩考核主要由上级政府部门来评价。因此，企业相对习惯于对政府提供会计信息，对交易和事项的处理持乐观态度、不愿对不利事项和损失做出估计和处理，向外部股东自愿及时提供沟通相关性和中立性会计信息的意愿不高。

我国的法律属于成文法体系。例如我国《公司法》中规定了企业发行新股的条件，涉及企业成立的时间、资产规模和盈利情况等。政府部门作为社会的管理者，直接支持和限制企业的某些行为，沿袭过去的习惯直接对企业的会计处理行为做出要求。例如对于某些政府补助，要求如果没有增加政府在企业的权益，计入资本公积。此外，政府对企业的某些特殊要求，产生了我国特有的会计处理需求。我国石油天然气和煤炭采选等行业的上市公司根据《高危行业企业安全生产费用财务管理暂行办法》的规定计提维简费和安全生产费；因此企业计提维简费和安全生产费是中国会计准则将面临的特殊会计事项，将其确认为负债还是所有者权益分配可能导致根据我国会计准则与根据国际财务报告准则的一项差异。我国也存在按我国房改政策给予职工住房优惠或者按协议在净利润中提取奖励基金等特殊问题。

我国资本市场和企业业绩评价和企业监督中，倚重利润指标。例如《公司法》要求，最近三年内连续盈利公司才能发行新股，申请新股则要求最近三年的加权平均年净资产收益率平均不得低于10%，而且最近一个会计年度的净资产收益率不得低于10%。年度亏损后需做特别处理，连续亏损两年以上时，证券交易所可以直接做出终止上市的决定。上市公司发行债券时也要求公司最近三年平均可分配利润足以支付公司债券一年的利息；国资委对中央企业负责人的基本考核指标中包括企业的年度利润总额和净资产收益率指标、三年的收入增长比率等。这些使得我国的会计准则制定，对与企业利润业绩相关的准则特别敏感。

总之，我国政治经济体制、文化和法律环境有自己的特殊性，我国的会计模式以前主要是为国家计划管理服务，国家是会计信息的使用者。在我国会计准则与国际会计准则趋同的进程中，以前比较强调中国的特性，认为中国的会计准则应跟随经济改革的步骤。只有中国经济能以市场法则运转时，中国会计准则方可与国际会计准则趋同。但事实上，每个国家的经济体制和法律体系都有自己的特性，中国有中国的问题，美国有美国的问题，欧洲各国也差异甚大，会计准则本身就构成了市场经济体制的一部分，两者在向前发展过程中可以相互促进，会计准则的市场化建设可以推动市场的建成（特别是在资本市场领域），反之，市场经济的发展也会不断产生需要会计准则规范的新交易和事项。会计准则有其技术性一面，投资者希望能以统一的标准和规范来报告和披露相同的经济交易和事项；但是会计准则也有社会性一面，其经济后果会导致因各国企业面临的环境不同，可能选择不同方式执行会计准则，会计处理结果存在差异。国际会计准则强调为投资者服务，中国投资者投资决策与会计信息的相关性远比欧美等国家要小，这些对中国会计准则的国际趋同也有影响。

第三节　中国企业会计准则国际趋同的策略选择

中国会计的国际化，与其他国家一样，是为了在经济和资本全球化进程中维护和扩展本国的利益。我国虽已发布了企业会计准则趋同路线图，但如果按迈克波特对策略的讨论，的路线图还没有回答以下问题：中国会计国际趋同的目标是什么？为了实现会计准则国际趋同的目标,中国应进行哪些权衡取舍?国际趋同过程中的限制条件是什么?哪些可以做、哪些不能做?如果考虑中国的现实情况,为了实现准则国际趋同的目标,中国应开展怎样的一整套活动来完成趋同目标?

1. 中国会计国际趋同的目标

中国是经济全球化的受益者,与其他国家和地区的经济发展荣辱与共。会计是全球通用的商业语言,会计准则的国际趋同,有利于中国产品和资本走出去、帮助中国企业获得海外认可、降低交易成本,也有利于提升中国资本市场对海外投资者的吸引力。因此,实现我国加入世界贸易组织的承诺、响应20国集团领导人峰会对建立全球统一高质量会计准则的要求,取得欧美对我国市场经济地位的认可、与实现会计准则等效,帮助我国企业取得海外资本市场的通行证,这些目标是内在统一的,因此可将中国会计准则国际趋同的目标定位为实现会计准则等效。

鉴于欧盟已经实施 IFRS,澳大利亚、加拿大、巴西等国已采用 IFRS,俄罗斯、南非等国也已要求上市公司采用 IFRS,而美国已允许外国证券发行者使用 IFRS 发布财务报告、日本也允许国际型公司使用 IFRS,美国和日本即将就本国公司是否使用 IFRS 进行决策,因此,可以认为各国和地区会计准则趋同的目标是 IFRS。另一方面,IFRS 为了适应经济业务和交易的新发展、使自己能成为全球统一的会计准则,也正在改革其会计准则。

因此,中国会计准则趋同的方向是一个不断发展变化的 IFRS,为达到会计准则等效目标,中国会计准则需与 IFRS 持续趋同。

2. 中国会计国际趋同与准则制订权的取舍

如果中国会计准则国际趋同的目标是实现会计准则等效,即与 IFRS 等效,中国会计准则需与 IFRS 持续全面趋同,那么意味着中国不能完全决定中国会计准则前进和发展的方向。因为 IFRS 由 IASB 负责,IASB 的项目选择和准则制订遵守 IASB 制订的应循程序,目前 IASB 改革 IFRS 的目标是为投资者服务,要求编制真实公允的财务报告,受欧美等国会计模式特别是英国和美国模式影响较大,制订方式偏向于原则和目标导向,财务报告目标正自法律模式转向金融模式。如果中国会计准则计划与 IFRS 持续全面趋同,那么中国可能需要放弃部分制订会计准则的主权,否则的话,中国会计准则即使现在与 IFRS 实质趋同,但是随着 IASB 不断出台新准则,使得未来中国准则与 IFRS 差异扩大,就不能实现与 IFRS 的等效。例如欧洲证券监管委员会在 2008 年 3 月关于中、日、美等国会计准则等效性的建议中指出中国与日本和美国的情况不同,中国企业会计准则表面上已取得与IFRS 等效的资格,在结果导向的等效定义下,需要有客观证据表明中国企业会计准则得到了充分执行并且没有"过滤性因素"发挥作用。所以欧盟给予中会计准则 2009—2011

年期间性暂时等效资格,与美国、日本获得的正式认可不同,欧盟在 2011 年年底将重新对中国准则的等效问题进行评估。

因此,可以认为如果欧盟等国继续按准则形成结果相同作为会计准则等效的标准,那么如果中国希望获得会计准则等效的认可,需要持续与 IFRS 保持全面趋同。虽然中国获得了香港的等效认可,但是香港实行的也是 IFRS;如果欧盟评估结果认为中国与 IFRS 不等效,那么很可能中国与香港的等效也难以持续。同样地,中国正争取获得美国的等效认可,而美国 SFX 允许外国证券发行者采用 IFRS 编制财务报告、并且正考虑引入 IFRS。如果中国准则能取得与 IFRS 的等效,相信可以帮助中国企业获得进行美国资本市场的通行证。因此,中国为了实现会计准则的等效,可能需要交出部分准则的制订权(包括准则的形式制订和执行解释等各个层面)。

3. 中国会计国际趋同的限制条件

如果中国会计准则国际趋同的目标是会计准则等效,并计划与 IFRS 持续全面趋同,放弃部分准则的制订权,那么在国际趋同过程中会有什么样的限制条件呢?

限制中国会计准则国际趋同的因素主要来自两个方面:一是中国的经济法律环境是否适合执行以成熟市场经济为基础考虑会计确认、计量和披露的 IFRS;二是中国会计准则的应用者是否有能力执行 IFRS?

中国的市场经济发展历史只有 30 多年,政府管理机构的管理习惯和方式、商业环境、法律法规、各种产品市场和资本市场的发展还不能与成熟的市场经济国家相提并论,这使得某些基于公开、公平、公正市场交易环境的会计原则不能反映中国企业的经济实质。例如我国上市公司与未上市公司的集团之间、与地方政府之间的关系不能说是完全独立的,发生在它们之间的很多交易不是按市场交易原则进行的,此时如果按基于市场交易会计处理方法进行确认计量和披露,是不适当的。我国某些关键资源价格,如资金的市场价格(利率),还不是完全市场化的,这使得我们按 IFRS 中要求的模型估计公允价值变得困难并且不真实。

我国长期实行的是规则性会计制度,会计准则的使用者(包括企业、各级政府监管部门、外部审计师等中介机构)习惯于遵守会计制度的具体规定,按原则性会计准则进行职业判断的能力和素养还有待提高,对国际化的会计准则还不太适应。例如财政部和证监会分析我国上市公司 2007—2011 年度会计准则的执行发现企业不能严格执行会计准则的要求;会计判断与会计估计太随意;对新交易和业务事项、复杂交易事项的理解和执行存在困难、不重视按照会计准则的要求充分进行信息披露等。

这些限制是确定趋同策略时应考虑的因素,将影响中国会计准则趋同策略的选择。

4. 实现中国会计国际趋同策略的行动计划

参考其他国家和地区国际趋同的经验，考虑到上述各种因素，从大的方面来说，中国会计准则的趋同无法利用完全采用方式或路径。以 IFRS 为方向，采取大部分会计准则直接采用 IFRS 辅之少部分中国特有的会计准则、详细的准则应用指南和解释应是更可行的方式。

为了实现趋同目标和策略，必须有清晰的行动计划和方案。这一整套趋同活动至少应包括以下内容：中国会计如何融入国际会计体系？推进会计国际化进程的节奏和速度是什么？国际化过程中，如何体现本国的需求？怎么增强本国在国际会计准则中的话语权和获得"搭便车"效益？本国会计国际化进程，需要进行哪些能力建设或者组织机构变革？

5. 中国会计国际化的方式和速度

一个国家会计国际化，可以采取渐进方式或者是大爆炸方式。

利用渐进方式的国家，分步骤分阶段引入 IFRS。例如美国证监会 2007 年 11 月通过决议，允许在美上市的外国证券发行者提交按 IFRS 编制的报告，也曾考虑如果其大多数国际竞争对手已采用国际准则，那么国内公司也可按 IFRS 编制报告。美国 SKC2011 年发布的工作计划也表明美国将采用渐进方式与 IFRS 趋同。

大爆炸方式是一次性把所有的 IFRS 引入本国，并在以后与 IFRS 保持同步。例如我国在 2006 年一次性引入国际准则，并在上市公司统一使用，实现了我国会计准则与国际准则的实质趋同。欧盟在 2005 年一次性将所有国际准则引入了上市公司的合并报表。

从应用 IFRS 的范围看，无论是美国、欧盟还是中国，都是采取了分步骤分阶段引入的方式。中国首先在上市公司采用新准则，其他企业分阶段采用。欧盟是要求上市公司的合并报表采用 IFRS、个别报表（或法定报表）仍使用各国自己的准则。美国则是首先允许在美上市的外国公司首先使用，计划国内的上市公司利用 5-7 年逐步引入。

我国趋同路线图中只承诺中国会计准则将与国际准则的进度保持同步，没有说明如何保持同步？是与 IASB 发布讨论稿、征求意见稿或正式准则的发布保持同步？还是与各项 IFRS 生效时间保持同步？

香港在实施与国际准则趋同策略后，采用了与 IFRS 相同的会计处理方法、应循程序、在发布会计准则及征求意见稿等方面都与 IASB 在时间上同步，香港会计准则的名称与编号也与国际准则一致，可谓时间相同、程序相同和产品相同，真正实现了与国际会计准则的形式趋同。

IASB 在 2009 年发布了 IFRS9- 金融工具，并陆续发布了 IFRS10、IFRS11、IFRS12、IFRS13 等多项准则，这些准则大多数计划自 2013 年 1 月开始实施。我国与 IFRS 的同步，是与实施时间保持同步,并且似乎仍将采取阶段性大爆炸方式引入各项新的 IFRS,不与各单项准则保持同步。

与渐进方式相比,大爆炸式的整体引入有助于准则制订者统一考虑是否引入某项准则,但准则应用者需承担较高的一次性转换成本,也影响会计准则的执行效果。目前,国际准则处于密集改革期,如果大爆炸式引入的间隔期过长,没有与国际准则的发展保持同步,那么需重新评估对财务报告的实质影响,原来完成的等效互认评估可能需要不断进行,影响"趋同是手段,等效是目标"的会计国际化诉求。

因此,在 2006 年以大爆炸方式整体性引入 IFRS 后,对于 IASB 新制订的 IFRS,应逐个评估和引入中国。在 IASB 发布新的 IFRS 时,中国会计准则制订机构就应同步确定是否引入中国,如果决定引入,应与 IASB 同步生效。如果能够争取 IASB 直接发布 IFRS 的中文版,则效果更好。

6. 平衡会计国际化与本国特殊需求的矛盾

会计准则是一个社会关于会计行为的规则,如果会计国际化代表着中国向 IASB 靠拢,或者说与国际准则互相影响、两者互动,以中国现在的实力,在中短期应该还没有能力主导 IASB 的工作,合理的预期是中国向 IASB 反映中国的特殊情况,影响 IASB 对某些会计处理的选择。更多的情况下,IASB 可能是站在全球层面、在美国和欧盟代表的影响下制订国际准则。会计准则的变迁,由 IASB 和 FASB 等机构发起,中国承担的直接制度变迁成本相对较低,但是改革可能与美国、欧盟的资本市场、企业界和会计人员的需求更匹配。如果这些制度变迁不能降低中国市场参与者的交易成本,那么承担主要制度变迁成本的中国企业可能没有动力接受和执行由中国政府强制和诱导性的制度变迁,导致"上有政策、下有对策"。

未来会计准则变迁的主导者将变成 IASB 这样的国际组织,但 IASB 很难取得直接的制度收益,缺乏必要的利益激励,每一次的进展需在全球范围内取得共识,从制度的供给与需求来看,会计准则的制度安排很可能滞后于现实环境的需要气同时,如果 IASB 成为唯一的会计准则供给者,可能因其垄断地位,导致供给质量下降、速度变慢。中国经济发展迅速,并且在经济体制、政治体制和文化领域与欧美等国家相比,有自己的特点,虽然现阶段中国主要是向国际准则学习借鉴,向国际经验靠拢,但未来国际准则的发展可能在某些方面会滞后于中国经济发展。所以,中国会计准则制订机构需要调整其角色,一方面它需要充当 IASB 与中国应用者之间沟通交流的中介,另一方面中国有现实需求时,继续制订某些具有中国特色的会计准则。

目前会计准则的使用者(包括企业、各级政府监管部门、外部审计师等中介机构)对国际化的会计准则还不太适应,因此,有必要根据中国的情况,为准则应用提供更多的具体指引。例如培训准则应用者,帮助他们理解支撑具体会计准则的基础性概念和原则,如资产负债观、权益性交易、控制、公允价值等。需要调查和总结这些概念和原则在中国的应用情况和因中国国情带来的特殊问题,将这些结论与 IASB 和其他国家的准则制订者互动,并利用监管问答或者典型案例分析等形式与准则应用者交流。一方面帮助外国同行了解中国同类经济业务的交易实质和会计处理的选择基础,以实现会计准则的等效目标,另一方面可以提高准则应用能力提升会计报告的质量。

因此,对于某些新问题、在会计准则应用中屡次出现的难点问题,初始阶段中国的会计准则可能是偏向规则性的,达成共识后,可以更原则导向一些。此外,对于一些中国特有的问题或者中国率先出现的新经济问题,中国的会计准则制订机构可不必等待 IASB 的研究成果,可率先行动。

7. 会计国际化过程中的利益诉求

会计国际化,是一个制度变迁的过程,各方有自己的利益诉求。会计准则是一种公共产品,质量优良的会计准则能给全社会带来正外部性,例如有利于资本的跨境流动和投资者的跨境投资需求,因此,也有人认为目前越来越多的国家和地区加入 IFRS 的队伍是因为看到了使用 IFRS 带来的网络效应。即使是像美国这样自恃会计准则高质量的国家,也因为其他国家加入 IFRS 的阵营,开始改变其对 IASB 的忽视态度,积极参与 IFRS 的制订,争取在 IASB 的主导权。在会计国际化的过程中,各国有自己的利益诉求,有的国家是希望争取这一制度变迁中的领导权,有的国家是希望不被动等待、期待取得自己的话语权,而有的国家可能是重在参与、享受搭便车的行为。不同的利益诉求需要不同的趋同策略。

例如欧盟、美国在会计国际化趋同过程中,其利益诉求是争取 IASB 的主导权,而中国、巴西、印度等新兴国家应是在争取 IASB 的话语权,希望 IFRS 这一未来国际规则能反映自己的需要,而像有些直接使用 IFRS 放弃自己准则制订权的国家和地区;他们希望享受的是搭便车行为。不同的利益诉求代表着不同的趋同方式,欧盟作为 IASB 最早的支持者,通过最早使用 IFRS 在 IASB 中占领了主导地位;而美国挟国民生产总值第一和资本市场规模第一之优势,以被国际资本市场广泛认可的美国公认会计原则为基础,通过引导和参与 IASB 的改革与欧盟争夺 IFRS 的领导权,因此,其会计准则国际趋同策略与欧盟不同,拟采用趋同认可方式,先趋同后认可,利用趋同时期,缩小 IFRS 与 US GAAP 的差距,一方面可以降低美国企业 IFRS 的转型成本;另一方面可以利用趋同期或拉拢或打击 IASB 取得全球认可的努力,讨价还价。巴西、印度和中国等新兴国家或承诺使用 IPRS,或承诺与 IFRS 趋同,应该都是为了在 IFRS 获得全球认可的进程中,不掉队,在 IASB 改革过程中占领自己的位置,发出自己的声音。

各国在会计准则国际化进程中的利益诉求不同,与 IFRS 靠拢的方式也不同。例如,美国开始讨论 FASB 是否不再发挥准则制订机构的作用,美国准则与 IFRS 先趋同,后认可,但 SEC 保留对会计准则的否决权。欧盟对 IFRS 是采用了认可的方式,通过双重许可方式在欧盟接受 IFRS。而中国、印度采用与 IFRS 实质趋同的方式。目前 IASB 正努力说服中国直接采用 IFRS,中国对 IFRS 的接受可以更进一步,在不承诺放弃国内会计准则的制订权的前提下,对于 IFRS 的接受,可以采取不违反法律法规、中国未规范,就可以按基本准则的要求采用 IFRS 的方式。

会计准则的形式趋同并不代表会计准则的实质趋同,全球企业使用同一套会计准则只能是要求企业使用同一套游戏规则来规范企业的会计行为,并不能保证企业根据同样的规则生产出的会计信息具有同样的质量,因此,预期 IASB 在现阶段积极推动各国承诺使用 IFRS,实现会计准则的形式趋同后,下一阶段的目标将放在实质趋同或者说执行趋同上,中国会计准则趋同策略中可以对此进行预期。

8. 国际化进程中的能力建设和机制安排

国际会计准则话语权的争取不仅应限于政府机构,还要鼓励会计准则使用者参与,他们对会计准则的变化有最切身的体会、需要直接承担会计准则变化的经济后果和转换成本,应鼓励他们争取自己的利益。

目前我国直接派员参与 IASB 组织机构的各个层面,如 IASB 受托人中有中国代表,IASB 和国际会计准则解释委员会都有来自中国的专家。并且中国倡议成立了地区性会计准则制订机构,即亚洲—大洋洲会计准则制订机构组,参与技术项目组的工作。与国际会计准则理事会也建立了定期工作机制。中国证券监督委员会也是 IASB 监督委员会的一员。可以说,中国的会计准则制订机构和上市公司监管机构已经在各个层面参与 IASB 的工作。

但是从会计准则执行层面看,中国实行的是中央集权的政治体制、文化习惯是下级服从上级尊重权威,并且我国的会计制度和准则长期为政府宏观经济管理和经济计划服务,因此,我国的会计准则执行者特别是企业,不习惯公开向政府的准则制订者提供准则反馈意见,同时,我国企业并不直接采用 IFRS,因此,在国际会计准则发布讨论稿和征求意见稿时,来自中国企业的反馈意见并不多。例如 IASB 发布的租赁准则反馈意见表中,可看到超过三分之二的反馈意见来自北美和欧洲。

我国企业参与 IFRS 还有一个天然的障碍,即语言障碍,目前 IASB 发布征求意见稿时,有英文、法文、日语等多种语言,却没有中文,这给来自中国的准则执行机构积极参与

IFRS 的制订带来更多的挑战。

中国长期实行会计制度，会计制度直接规定企业的会计处理，包括会计账户的设置、会计分录、会计记账的规则和会计报表的编制等全过程，我国企业的会计人员对会计准则这种新的会计规范体系需要适应。同时，中国长期实施计划经济、企业面临充满不确定性市场经济的时间并不长，在新企业会计准则体系中，增加了很多的会计估计和会计判断，企业需要根据自己的实际情况制订自己的会计政策，这些会计估计和会计判断、会计政策的选择对很多会计人员来说也充满挑战。此外，会计准则给予企业更多的选择空间和会计弹性，但是更多的自我选择意味着企业需要公开披露进行的选择和选择的依据等。但是我国企业更习惯的是统一的会计政策和信息披露。从以上分析看，有必要加强我国会计准则执行人员的能力建设，鼓励准则执行人员表达执行企业会计准则时面临的问题、加强与会计准则制订机构和监管机构的沟通、适应市场经济对企业会计人员的新要求。

对于我国的会计准则制订机构来说，激发准则执行人员的参与热情需从国内准则的制订和监管做起，准则制订机构和监管机构需要从整体层面调查研究我国企业在执行新企业会计准则过程中的问题，并向社会公布调查结果和反馈意见，对不能执行或者不想执行企业会计准则要求的行为进行处罚，只有这样才能激发会计准则执行者提升自己的能力和表达自己的意见，这样才能使中国企业会计准则真正达到国际水平，早日获得世界的认可。

我认为，还有必要调整我国会计准则制订机构的组织形式，美国模式也许是可以模仿的对象。可以在财政部下设专门的会计准则制订机构，这个组织负责评估、评价是否可将某项 IFRS 引入中国，调查研究我国会计准则实际执行情况，出台会计准则应用指南，财政部会计司则保留法定的准则制订权。

会计准则在中国还属于新生事物，企业实际应用暴露了很多问题，例如上市公司难以理解会计准则的精神，不能适应原则性准则的要求，表现为未按准则的要求执行或者执行不到位，对于准则没有直接涉及、较新的业务和交易，会计准则的应用者利用职业判断选择适当会计处理原则的能力还有待提高。会计准则国际趋同的步伐进入 21 世纪后日益加快，IFRS 已成为越来越多国家和地区直接采用和趋同的目标，会计准则等效由欧盟发起、已逐步成为中国国际趋同的目标选择，美国和日本虽未最后确定是否及何时引入IFRS，但已发布了与 IASB 合作的备忘录和工作计划并已在部分公司引入了 IFRS，相信IFKS 有潜力成为全球统一会计准则的候选者。中国虽发布了与 IFRS 持续趋同的路线图，但该路线图中没有明确会计准则趋同的目标、方式、权衡和取舍，也没有严格执行计划的趋同时间表。因此，该趋同路线图是一个不完整的策略，需要在考虑中国不成熟的市场环境和体制、会计准则应用能力不足等限制条件的基础上,从准则等效认可这一趋同目标出发,放弃部分中国会计准则的制订权、摒弃以前采用的大爆炸或阶段性大爆炸方式引入IFRS、建立具体的评估标准和专门的评估机构、逐个引入后续修订的 IFRS,如果不能保持与 IFRS 发布的同步,也要实现与 IFRS 的实施生效节奏同步。增加中国会计准则制订、执行监督的透明度,考虑中国在 IASB 取得准则制订话语权和享受 IASB 准则制订成果的利益诉求,平衡会计准则等效认可与中国应用原则与目标导向性会计准则的基础、经验和能力不足之间的矛盾,进行会计准则应用的能力建设和改革会计准则制订的机制安排,有取有舍,达成我国会计准则与 IFRS 的持续全面趋同。

第三章 我国会计准则国际趋同对会计信息质量的影响

第一节 会计信息质量及其影响因素

本节首先分析了美国、国际会计准则理事会和中国关于会计信息质量特征的定义，从中挑选出几个重要的特征，以便分析会计准则对这几个重要特征的影响，其次对影响会计信息质量的因素进行分析，从而引导出会计准则对会计信息质量的影响，即不同的会计准则体系对会计信息质量会产生不同影响。

一、会计信息质量特征

会计信息质量特征是指对会计信息应具有的质量标准所作的具体描述或要求，是对会计信息质量进行评判的最一般和最基本的依据。它具体规定了会计信息为实现会计目标应具备的质量规定。会计信息有哪些质量特征，不同国家或国际组织有不完全相同的描述。

（一）美国

美国会计学会（AAA）在其1966年发表的《基本会计理论说明书》（A Statement of Basic Accounting Theory）中，第一次提出四项评价会计信息的标准：相关性、可验证性、超然性和可定量性。美国会计原则委员会（APB）在其1970年发布的"APB-Statement No.4"提出七项财务会计的目标：相关性、可理解性、可验证性、不偏不倚性、及时性、可比性和完整性。美国注册会计师协会（AAPA）资助的特鲁布罗德委员会，于1973年10月发表的题为《财务报表的目的》的研究报告，提出了七项作为会计信息质量特征的概念：相关性、重要性、可靠性、不偏不倚、可比性、一贯性和可理解性，该报告对会计信息质量研究产生了深远的影响。美国财务会计准则委员会于1980年发布的财务会计概念公告第2号——《会计信息质量的特征》中提出了以"决策有用性"为核心的会计信息质量分级体系，认为会计信息的最高质量是决策有用性，而相关性和可靠性是主要的质量特征，相对次要的质量特征是可比性，针对用户的质量特征是可理解性。美国注册会计师协会的财务报告特别委员会，在其 1994 年发表的题为《改进企业报告—面向用户》的报告中，强调相关性、可靠性和可比性在评估财务信息质量方面的重要性。

（二）国际会计准则理事会

IASB 是以制定和发布国际会计准则以促进各国会计实务得以在国际上协调为目的的国际组织。在 1989 年 7 月公布的《关于编制和提供财务报表的框架》中对财务报表的质量特征做了说明。《框架》将质量特征定义为"是使财务报表提供的信息对使用者有用的那些性质。四项主要的质量特征是可理解性、相关性、可靠性和可比性"。

（三）英国

英国的会计准则委员会（ASB）于 20 世纪 90 年代发表的《原则公告》，将会计信息质量分为三大部分：与报表内容有关的质量，主要是相关性和可靠性；与报表表述有关的质量，分为可理解性和可比性；对会计信息的约束，主要包括在质量标准间权衡、及时性、收益大于成本等。

（四）中国

我国对会计信息质量特征的规定体现在相关的会计法律法规中。如 1985 年我国第一部《会计法》对会计信息提出了以下要求：保证会计资料合法、真实、准确和完整；1992 年颁布的《企业会计准则》指出会计核算要遵循真实、可比、相关、及时和谨慎等原则；2000 年颁布的《企业会计制度》同样涉及了真实性、实质重于形式、相关性、及时性、谨慎性和重要性等会计信息质量特征。我国现行的《企业会计准则》中把会计信息质量特征作为一般原则看待，共列示了七项。这七项规定，通常被人们称之为真实性或可靠性、相关性、可比性、一致性、及时性、明晰性、重要性。

表 3-1　主要国家或组织对会计信息质量的特征描述

国家或组织	对会计信息质量特征的描述
IASB	可理解性、相关性、可靠性和可比性
FASB	相关性（预测性、反馈性、及时性）、可靠性（可核性、中立性、反应真实性）、可比、可理解性、重要性等
ASB	相关性（预测价值、证实价值）、可靠性（如实反映、中立性）、可比性、可理解性、完整性、一致性等
中国	真实性或可靠性、相关性、可比性、一致性、及时性、明晰性、重要性
日本	真实性、明晰性、谨慎性等
德国	真实与公允、可比性、及时性、明晰性、谨慎性、合法性等
法国	真实与公允、谨慎性、合法性等

综上所述,会计信息的质量有多项衡量标准或特征,其中,相关性、可靠性或真实性是二项最重要的质量标准或称基本质量特征。本书将主要用这二项质量特征来分析验证会计准则及其国际趋同与会计信息质量的关系,同时也会论及可理解性、可比性、公允性等其他质量特征。

二、影响会计信息质量的因素

影响会计信息质量的制度因素分为内部制度因素和外部制度因素。其中内部因素包括内部会计控制、公司内部治理结构和内部审计制度等。外部因素主要是指会计准则体系、民间审计和其他法律法规的执行。可知任何制度的最终执行者都是人,所以会计信息生成过程中所有参与者的执业水平和道德素养都会影响会计信息的质量。此外,会计信息使用者对会计信息质量的要求也会反过来影响会计信息的质量。本节着重分析企业内外相关的制度或规范以及会计准则制定人员和使用者对会计信息质量的影响。

(一)企业内部制度因素

(1)内部会计控制。内部会计控制是指单位为了提高会计信息质量,保护资产的安全、完整,确保有关法律法规和规章制度的贯彻执行等而制定和实施的一系列控制方法、措施及程序。它应达到的基本目标:一是规范单位会计行为,保证会计资料真实完整;二是堵塞漏洞,消除隐患,防止并及时发现,纠正错误及舞弊行为,保护单位资产的安全、完整;三是确保国家有关法律法规和单位内部规章制度的贯彻执行。可见内部会计控制不只是一种简单的财务会计管理方式,更是一种现代企业管理机制,它会随着经济环境的变化信息技术的广泛应用,在控制内部、控制目标、控制信息、控制属性上拓展深入,最终达到内部会计实时控制。

企业经理实施内部会计控制的目标是,建立和完善符合现代经营管理理念的内部管理组织机构,建立风险控制系统,查堵漏洞,保护企业财产安全完整,确保企业经营管理目标的实现,保证会计信息的真实性、及时性,确保国家法律法规和企业内部各项制度的贯彻;监事会实施内部会计控制的目标是对企业经营管理决策日常经营活动和财务工作进行监督,以确保会计信息的真实完整和股东大会目标的实现;企业会计人员及会计机构实施内部会计控制的目标是,规范财务活动,有效地履行会计监督职能,对财会负责人负责。

(2)公司内部治理结构。公司治理结构是用来协调企业内部不同利害关系之间的利益差别和行为的一系列法律、文化与制度的统称,包括董事会、监事会和经理人员的权利与义务,以及相应的聘选、激励与监督等方面的制度安排。会计信息系统作为企业管理的子系统受到内部制度环境的影响,公司治理结构作为重要的制度环境对会计信息质量将产生影响,即公司治理结构的完善程度制约着会计信息质量。

关于公司治理与会计信息质量的关系,国外的实证研究主要从股权结构、董事会特征两方面进行。国内方面,关于公司治理与会计信息质量关系的研究,大部分为规范研究的成果,如陈汉文等、吴建友等。此外,也有些实证研究的成果,如,刘立国等选取了因财务报告舞弊而被证监会处罚的我国上市公司作为研究样本,从股权结构、董事会特征两方面,对公司治理与财务报告舞弊之间的关系进行了实证分析。研究结果表明,法人股比例、执行董事比例、内部人控制度、监事会的规模与财务舞弊的可能性正相关,流通股比例则与之负相关。

(3)内部审计制度。内部审计制度本质上说也是公司治理机制的一种措施,但鉴于其在信息质量控制方面的突出作用,所以将它单独列出讨论。建立科学的内部审计制度是控制企业会计信息质量的有效手段。现代企业内部审计是随着现代企业制度的出现而出现的内部审计和外部审计产生的基础是一样的,都是基于财产所有权与经营权的分离所导致的所有权监督的需要。企业内部审计具有评价、监督、鉴证和防范功能,其中尤以监督和防范职能最为重要,内部审计机构的设立,对会计信息质量能发挥以下几个作用:通过内部审计人员对会计信息以及经济活动进行的审查,可以发现内部人造假的行为,确保会计信息真实、准确、合理、合法的披露;内部审计机构的设置对企业内部潜在的舞弊人员具有威慑作用,在一定程度上抑制企业舞弊的发生;内部审计对发现的错弊情况予以纠正和查处,能防止类似行为的再次发生。内部审计可以对企业信息披露质量的高低做出评价,并提出专业性的改进建议。内部审计还可以促进企业高层政策的贯彻与落实,并通过其专业知识结合审查中发现的问题,帮助企业决策者制定正确的决策;内部审计机构人员比外部审计人员更熟悉企业的生产经营活动、经济环境与法律环境,可以对企业经济活动、理财活动以及财务报告的编制和出具进行更有效的适时监督。

(二)企业外部制度因素

(1)会计准则体系。首先,现代企业制度给予企业充分的自主权,但较大的会计政策和会计方法的选择权也加大了会计信息失真的可能性。另外由于会计相关的法律制度通常都是在某一特定的会计环境下产生的,同时由于人们认识的有限性和经济业务事项的复杂性,导致某些会计规范本身就不够完善,存在缺陷,因而采用这些会计规范生产的会计信息不能够揭露企业真实的经营状况,即会计信息失真。例如在以"权责发生制"为基础的会计确认方面,由于在确认过程中存在会计人员的主观判断导致会计信息的可比性降低。再如"谨慎性"原则在确认、计量和报告会计要素时,有可能会因为满足谨慎性要求而过于保守,导致产生的会计信息偏离企业的实际情况;"重要性"原则允许企业对不重要项目可以进行例外处理或灵活处理,但对于哪些项目是重要的,哪些是不重要的,则由企业自行断定,倘若判断失误势必使对外公布的会计信息偏离企业实际情况。企业可能会基于成本—效益原则忽略原本重要而效益低的信息或者一些看似不重要的信息,导致会计信息与实际状况的出入。

其次,社会公认的权力机构通过制定全社会公认的会计准则来指导并约束企业个体的会计行为。当全社会的企业都采用同一标准时,会计信息就具有了可比性的特征,另外,当一个企业连续采用同一会计准则,采用一致的会计政策时,会计信息就具备了一致性的特征;我们都知道,美国等国家的会计准则有着从原则导向规则导向发展的趋势,随着会计准则的规则导向化,会计准则对会计信息生产者的利己动机的约束越来越强,由此降低了会计信息生产者财务舞弊与盈余管理的空间,例如对收入的确认标准,关联方及其交易的规定等。在一定的程度上,这些约束防止了会计信息由于会计信息生产者的自利性而引发的对会计信息反映的客体(企业的经营状况)的背离,提高了会计信息的可靠性等特征。

最后,关于上市公司的会计信息的对外披露,会计准则、证券法、以及证监会、证券交易所等对此也都有明确的规定,随着资本市场的发展,会计目标向决策有用观倾斜,这些会计制度的约束也逐渐以会计信息的使用者为核心利益,使可靠、相关、适量的会计信息传递给会计信息的需求者成为这些约束追求的核心目标。总之会计准则体系的各方面都会对会计信息的质量产生影响,只是对不同的质量特征影响有所不同。

(2)民间审计。首先,审计的目标就是对被审计单位的会计报表的真实性、合法性作出判断,并出具审计报告。在这里可以看出,审计对会计信息有鉴定作用,例如对于注册会计师出具的无保留意见的审计报告,会计信息使用者可以合理推断:被审计单位的会计报告在所有重大方面,都真实、公允地反映了被审计单位的财务状况、经营成果和现金流量。如果注册会计师对被审计单位出具了保留意见、否定意见或者使无法表示意见的审计报告,会计信息使用者就会降低对会计信息的信任度,在资本市场这样就造成两个后果,要么经营者被股东等其他利益相关者遗弃,要么公司被资本市场遗弃,经理人市场与资本市场的这种压力势必传递给会计信息的生产者,促使他们提高会计信息的质量。

其次,注册会计师在对被审计单位审计之后,出具审计报告之前,如果查出被审计单位的会计报告有重大错误(无论什么原因造成的),会向被审计单位提交一份调整分录,要求被审计单位修改会计报表,如果被审计单位拒绝调整,注册会计师会出具保留意见或者否定意见的审计报告,在一般情况下,明智的经营者都会调整报表,由此提高了会计信息的质量。

最后,注册会计师在对被审计的单位进行审计时,都要对被审计单位的内部控制进行评估,一般情况下还会就被审计单位的内部控制的缺陷提出建议,这对被审计单位完善内部控制具有积极的意义,而被审计单位内部控制的完善无疑会提高会计信息的质量。

(3)其他法律法规的执行。高效的制度不仅取决于合理的制度设计,更取决于高效的制度执行保障机制,对会计制度而言,这些执行保障机制主要有《会计法》《公司法》《证券法》《刑法》《民法》《经济法》等。良好的法制环境强化管理者在信息披露中的法律责任,对管理人员责任与权利!提供伪劣信息的惩处做出明确规定:加强对会计准则和财务会计制度执行情况的监督,约束企业会计行为,增强信息的客观性、可验证性、公开性。这些执行保障体系对会计信息生产者为了自我利益而刻意影响会计信息质量的机会行为设定了法律风险。会计信息生产者必定会在权衡法律风险与利益,这就会降低会计信息生产者刻意影响会计信息质量的动机空间,为会计信息质量维持在给定水准之上提供了必要。从这一意义上看其他法律制度对会计信息质量的影响,要高于会计准则等技术和制度规范,因为它直接关系到会计信息提供者的利益预期。

(三)人员因素

(1)制定人员。制定人员是会计准则制定的主体,他们的知识水平在很大程度上会影响甚至决定会计准则的质量。一般而言,会计准则制定人员的知识水平越高,其制定的会计准则质量也相对较高。同时,会计准则制定人员的教育背景也会在一定程度上影响到会计准则的制定质量。例如中国财政部官员所处的法律环境为大陆法系,受有中国特色的会计思想影响,强调会计应服务于国家宏观管理的需要,倾向于会计制度与会计准则并重,会计准则的制定应与其他宏观经济政策协调;而证监会官员和技术专家多数具有海外留学背景,所处的法律环境为英美法系,受西方股东利益至上的思想影响,强调会计准则应维护股东利益。此外,如果会计准则制定人员比较单一,也会影响到会计准则的质量。因为同一类人的知识结构、经历基本相同,利益或政治倾向基本一致,同一类人一般只代表或更倾向本集团的利益,即使他们有公平的思想和意识,也很难真正完全了解其他利益相关者的需要,这样制定出的会计准则很难保证公正性,进而也会影响会计信息的公允性。

(2)准则使用者。会计准则使用者包括会计人员、审计人员、监管部门和投资者等。从产生会计信息的角度看,会计人员是主要的会计准则使用者。会计准则的运用实施,最终依赖于会计人员。会计人员素质的高低很大程度上会影响会计准则的实施质量,特别是有效性。会计准则制定质量是实现高质量会计信息的前提,会计准则实施质量是实现高质量会计信息的保障。如果会计人员的业务素质较低、知识结构不尽合理,对于制定出的准则无法透彻理解、操作困难，会计准则就不能得到有效的实施。即使会计准则的制定质量再高，没有较高素质的准则使用者的有效贯彻执行，实施质量得不到保证，高质量的会计准则的作用就得不到有效发挥。因此，在会计人员素质比较高的国家，会计准则实施中可以较为广泛地依靠会计人员的职业判断，公允价值、现值等计量属性可以广泛运用；而在会计人员素质比较低的国家，会计准则在实施中要尽可能减少职业判断，会计人员的不同素质会影响会计信息的价值相关性。

会计信息使用者也是会计准则使用者的一部分，它主要包括投资者、债权人、政府及其有关部门和社会公众等。其中政府是一个比较特殊的团体，它具有双重身份，它有可能是会计准则的制定者，也是会计信息的使用者。政府作为经济管理和经济监督部门，通常关心经济资源分配的公平、合理，市场经济秩序的公正、有序，宏观决策所依据信息的真实可靠。同时，政府如果作为主要的会计准则制定者，为了满足其需求，在会计准则制定过程中较多地考虑政府的利益，政府与其他利益相关者的地位不完全对等，制定过程未经利益相关各方反复博弈而实现各方的利益均衡，没能使会计准则能够尽量满足或尽量维护各利益团体的共同需要和公众的利益，从而影响到会计准则的质量，进而影响会计信息的质量。

综上所述，会计信息的质量受多种因素影响，是这些因素综合作用的结果。在这些影响因素中，会计准则因素具有特殊性。其他因素对会计信息的影响是比较直观和直接的，而会计准则的影响却比较隐蔽，常常隐含在其他影响因素中。正因为此，才导致了已有研究的简单化和研究结论的不一致。因此，下文将重点研究会计准则对会计信息的影响。

第二节　会计准则对会计信息质量的影响

本节从会计准则对会计信息影响的一般性分析，包括会计准则对会计信息整体的真实性和相关性影响，到会计准则对会计信息影响的具体分析，包括会计准则制定理论依据、会计目标、会计准则的制定模式、会计计量属性、会计要素，再到会计准则本身的属性和会计准则的执行，具体分析会计准则是如何影响会计信息质量的。

一、会计准则对会计信息影响的一般性分析

总体而言，会计准则对会计信息的质量会产生实质影响，否则，会计准则就失去了其存在的价值。已有的大多数研究也证实了这一结论。会计准则对会计信息质量的所有特

征都会产生影响吗？会产生怎样的影响？下面重点分析真实性和相关性。

第一，会计准则对会计信息整体的真实性无影响，只对个别信息或某些时期的信息的真实性产生影响。首先，会计信息反应的指标数据是此消彼长的，某一指标数据的高估或低估必然是以另一数据的低估或高估为代价的，比如利润与费用；其次，从一个较长时期来看，准则对真实性不产生影响，因为不论在什么会计原则下，某一会计事项终归要确认，只是早确认与晚确认的问题，但从某一时期看，会计准则确实该期会计信息的真实性产生影响影响。以企业采用"权责发生制"确认原则为例，发生的某项费用或收入等，早晚都会得到确认，只是确认的时间点是有差别。从长期来看，这并不会影响企业会计信息的真实性，但是从某几个较短的期间来看，会计信息的真实性确实受到了影响，因为本应该在本期确认的收入或费用等在本期的会计信息上没有得到反映。

虽然准则对整体的真实性不产生影响，但毕竟会影响某一时期或某些信息的真实性。不合理的确认、计量原则、方法或质量不高的会计准则会导致某些信息或某一时期的信息失实。而失实的信息有可能是重要信息，比如费用低估会导致利润、资产同时被低估。但是由于会计准则本身的原因导致的这种会计信息失实对信息使用者来说并不敏感，这也是许多实证研究结论不一致的重要原因。

第二，会计准则会影响到信息的相关程度。在准则得到严格执行的情况下，会计信息的相关程度完全是有准则决定的。比如多重计量属性并行的会计准则下产生的会计信息，比历史成本原则下的准则产生的信息更相关；具有充分披露要求的会计准则下产生的信息比有限披露要求的会计准则下产生的信息更相关。例如在公允价值计量下，资产和负债按照在公平交易中熟悉情况的交易双方自愿进行资产交换或者债务清偿的金额计量。目前，根据当前的市场状况来计量资产和负债的真实价值是公允价值计量的主要方式，公允价值能反映现行市场条件的影响以及市场条件变化的影响，就如实反映而言，作为市场参与者在计量日的当前交易中，出售资产可收到或转让负债应支付的价格的公允价值是确实反映了真实世界的经济活动，如果其他计量属性再辅助于公允价值就可以提高会计信息的相关性。

二、会计准则对会计信息影响的具体分析

会计准则对会计信息的影响，一方面表现为会计准则本身的影响；另一方面表现为与会计准则制定有关的、影响会计准则质量的因素的影响。这些因素对会计信息质量的影响是有差别的。

（一）会计准则制定理论依据

制定高质量的会计准则离不开理论的指导。高质量的会计准则必须建立在一系列相对稳定的坚实的会计理论基础之上，而这一保障的核心就是会计准则必须符合会计概念结构框架的要求。会计概念框架是融合准则制定目标、价值取向原则和一般会计理论为一体的应用性会计理论，它为会计准则的发展与完善提供一定的理论指导，并有助于提高准则制订的效率与质量。即会计准则的制定应该有明确的理论依据，这套理论依据通俗称为理论体系，美国财务会计准则委员会称为《财务会计概念框架》，国际会计准则理事会称为《编制财务报表的框架》，英国称之为《财务报告原则公告》，中国称为《企业会计准则——基本准则》。各国会计准则以及国际会计准则的发展历史和经验都表明，在制定会计准则的过程中，如果缺乏会计理论和会计原则的指导，会计准则就难免就事论事，出现前后不连贯，内在不一致的结果。有无明确的理论依据直接影响到会计准则的质量，从而影响会计信息质量。美国《财务会计概念框架》之所以在 20 世纪 70 年代初产生，就是因为在此之前美国制定的会计准则由于没有理论指导从而产生了前后矛盾的现象，进而影响了会计信息质量，导致了美国相关方面的强烈批评，才促使美国财务会计准则委员会从其成立之初就下决心研究建立一套理论体系，并最终构建起了具有全球示范效果的《财务会计概念框架》。

（二）会计目标

会计目标也称财务报告目标，是会计理论体系的起点，也是会计准则制定的主线，其决定着会计准则的追求——以相关性为主还是以可靠性为主。对于会计的目标，理论界现在有两种理论，分别是受托责任观和决策有用观。

"受托责任观"认为，会计目标就是向资源所有者（股东）如实反映资源的受托者（企业管理当局）对受托资源的管理和使用情况，财务报告应主要反映企业历史的客观的信息，客观地反映经营业绩的信息对资源委托人评价受托责任最为有用，因而它更强调信息的"可靠性"。其适用的经济环境为资源的所有权与经营权分离；委托与受托双方明确而稳定；资源的委托与受托关系是由双方直接接触形成。在市场经济条件下，资源所有权与经营权分离，所有者作为委托人十分关注资本的保值与增值，投资者比较稳定，他们有长期的经营观点，更关心委托企业经理人员从事经营资源的保值和增值能力。财务报告提供的会计信息能够反映企业资源及其使用情况，它的目标侧重于反映受托者对受托责任的履行情况，至于委托者如何利用财务报表，是他们自己的事。

"决策有用观"认为，会计的目标就是向会计信息使用者提供对他们进行决策有用的信息，而对决策有用的信息主要是关于企业现时和未来的现金流动信息以及经营业绩和资源变动的信息。提供信息从根本上是为信息使用者制定决策服务的，由于决策总是面向未来的，而与决策最为相关的信息是企业未来现金流动状况，因此财务报告应该主要反映现时的信息，强调信息的"相关性其适用的经济环境为资源的所有权与经营权分离；资本市场对社会资源的分配起作用；通过资本市场建立资源的委托——受托关系"。在资本市场高度发达的情况下，所有者与经营者的委托——受托关系已经变得不确定，所有者作为委托人关注的是整个资本市场的风险和报酬。企业的融资主要通过十分分散的资本市场进行的。投资人进行投资一般不太关注控制企业的长期经营，而在于在低风险下取得高报酬——现金股利，因而他们更加关注企业的现金流量，或是把股票当作是一种特殊的商品买卖，因而十分关注企业股市行情。管理当局的经营绩效如果不能令人满意，资源的所有者不是直接更换管理者，而是通过资本市场卖出这部分"产权"，并购入投资者认为有效的"产权"。

财务目标的不同形成了会计信息质量要求的差异。以英、美为代表的国家，由于资本市场比较发达，委托人和代理人之间的委托与代理关系业已模糊，委托人更为关注的是整个资本市场的风险及投资收益，因此他们更加注重会计信息的"相关性"。虽然 1980 年 5 月，FASB 发布了第 2 号财务概念公告——《会计信息的质量特征》，在这份公告中，把相关性与可靠性放在了同等的位置上，但是到了 1991 年 4 月，《改进企业报告——着眼于用户》这份综合报告的发布表明了美国注册会计师协会的态度：该报告以相关性为主线，而对可靠性的论述只有短短的两段。相比英、美，以德国、日本为代表的国家是另一种情况。德国是一个发达的资本主义国家，其对银行业的管理比较宽松，促进了银行业的空前繁荣。德国银行不仅向企业提供贷款，还可以对企业进行直接投资，银行可以直接控制企业。企业愿意而且比较容易从银行取得贷款，这就使得该国的资本市场长期以来处于相对不发达的状态。日本实行政府主导型市场经济，政府在社会经济资源配置上力量很强，企业资金主要源于贷款，这是因为日本的短期债务到期通常都可以延期，或是通过举新债还旧债，短期融资可以通过这种方式实际成为长期融资。而且日本的大公司集团，往往是以集团内的金融子公司作为其财力支柱的。因此，对于此类以德、日为代表的国家，财务报告的目标应该是"受托责任观"，这是因为在资本市场不是十分发达的情况下，受托责任观较为切合实际，它可以使企业的会计行为与其经济行为相一致。故它对会计信息强调"可靠性"，这由日本的会计准则可见一斑。日本《企业会计准则》在第一部分企业会计的一般原则中规定了七项质量特征，放在首位的就是"真实性"原则，即强调会计信息的可靠性。因此，以英、美与以德、日为代表的国家由于拥有不同的财务会计目标，形成了不同的会计信息质量指向，对于会计准则的建构又具有不同的要求。

（三）会计准则的制定模式

（1）会计准则制定的导向模式。目前会计界关于会计准则的制定模式有两大流派，一个是美国为主的"规则导向型"，另一个是英国为主的"原则导向型"。规则导向会计准则由详细具体的规则组成，包含具体的标准、例外和操作指南，除了给出某一对象或交易、事项的会计处理、财务报告所必须遵循的原则外，还力图考虑原则适用的所有可能情况，并将这些情况下对原则的运用具体化为可操作的规则，较多地对适用范围做出限制；原则导向会计准则主要由若干基本原则组成，以原则为基础并附有较少的解释、例外和执行指南，更多地注重会计处理时经济交易或事项的实质，较少对适用范围做出限制，赋予会计人员较高职业判断和更大会计方法选择空间，适用性更广。

"规则导向型"的会计准则制定模式形式重于实质，易规避。在规则导向准则下，会计师和审计师只是一味地迎合会计准则具体要求，在一定程度上忽视经济交易的实质，弱化了会计、审计的职业判断，不利于报表使用者理解过分复杂的会计报表或其他披露资料。过于详细的规则往往被别有用心的公司和个人通过交易策划所规避，企业容易打"擦边球"，如准则规定某一事项的金额达到 10 万元就必须确认和披露，此时若企业不想披露，该企业一定会想办法使金额在 10 万元以下。即规则导向的会计准则制定模式容易使会计信息提供者通过"业务安排"导致会计信息的真实性降低。但是原则导向的会计制定模式更注重经济事项的实质，而不是形式上的细微差别，能够更好地遵循"实质重于形式"，但是原则导向的会计准则制定模式留给了公司和审计师太多的职业判断的空间，即使是面对同一个经济事项不同的人会做出不同的职业判断，从而影响会计信息的可比性。

（2）会计准则制定机构模式。目前，主要有三种会计准则制定机构模式，分别是职业组织制定模式、政府制订模式和独立机构制订模式。

职业组织制定模式下，会计师协会控制着会计准则的制定，一般存在于判例法系的国家，实践中会计惯例与会计师的职业判断起主要作用。比如隶属于美国注册会计师协会的"会计程序委员会"与"会计原则委员会"，在美国"财务会计准则委员会"成立之前是会计准则的制定机构。该模式还包括英国 1990 年改组前的会计准则委员会。这一模式的优点在于，职业组织具有较大的灵活性与适应性，它能够发挥职业组织成员的专业优势。同时，职业组织制定模式由于必须面对政府制订模式与独立机构模式的强势竞争，承担社会各界的舆论压力，它们会为了职业组织自身的声誉与利益，而去提供更高质量的会计准则。而这一模式的缺点在于，缺乏独立性与权威的支持。正是因为缺乏独立性，美国的"会计原则委员会"被"财务会计准则委员会"取代。缺乏独立性的会计准则制定机构容易受到利益相关方的游说，从而导致会计准则偏向某个或某些利益相关者。从而影响会计信息的公允性。另外,由于缺乏权威性,即便是高质量的会计准则也无法在实践中得到贯彻执行,由于执行不力可能会影响会计信息的真实性、相关性。

政府机构制订模式下,政府拥有会计准则的制定和批准的绝对权利。比如我国财政部、法国全国会计局以及日本大藏省的企业会计审议会,与职业组织制定模式相比,该模式下的会计准则委员会更像一个咨询机构发挥着作用。政府机构制定模式的优点在于,它拥有较强的权威性。国家政府的权威不言而喻,不仅不用抱心准则制定时所需的成本,而且国家强制力可以保证会计准则以低成本运行。政府制订模式的缺点在于效率低,一旦出现制订不当的情形时,要进行会计准则的修改比较麻烦。原因在于政府制订机构模式的"官僚色彩"比其他方式要强烈,而且处于强势竞争地位,一旦建立很难被后两者替代。因此,政府制定的准则往往滞后于经济发展,无法发现和解决出现在会计实践中的新问题,从而影响到所产生的会计信息的质量,所以效率要低于职业组织与独立机构,一旦出现制订的准则质量不高的情形,由于修订法规程序复杂,矫正的成本就很高。此外如果透明度不是足够高,也将难以为全社会所充分理解。

独立机构制订模式的特点在于,会计准则制订机构具有较高的独立性,体现在机构成员上,独立制订机构往往是专职的财务会计专家组成,脱离行业本身和政府机构的限制。通常情况下,独立制订机构的资源来自于各方面,包括政府、上市公司、金融机构和会计师及其职业组织等。为什么独立机构制定模式能够有较高的独立性?原因是它与资源提供者事先制定合约,合约约定资源提供者不得干预制订机构的运作。它在机构设置上具有突出特点,即具体的会计准则制订机构与资源提供者之间隔着一个基金会,该基金会具有私人性质,由基金会向制订机构稳定地提供充足的资金成本。基金会一般能够抵抗包括资源提供者在内的各方压力,为具体准则制订机构提供一个独立环境,在这一环境下会计准则制定机构能够不受利害关系的干扰,以保护公共利益为前提进行准则的制定。独立的准则制订机构往往具有高效、独立、权威支持和广泛代表性的优点,并且独立准则制订模式由于面对政府制订模式的强势竞争和社会各界的舆论压力,必须时刻保持高效,从而努力制定出高质量的会计准则。

(四)会计计量属性

企业自由选用会计计量属性,不仅会对财务报表的可比性造成影响,而且极为容易导致财务欺诈与会计造假的产生,导致会计信息的真实性和相关性下降。企业在采用历史成本、现值、重要成本、可变现净值和公允价值等会计计量属性对会计要素进行计量的时候,应该保证取得的这些要素能够可靠计量,金额能够确定。虽然各国会计准则都在不同程度上利用"公允价值"计量属性,但仍在强调公允价值计量的可靠性,并且"历史成本"

计量属性在不少国家的会计实务中仍然占据主导地位。公允价值和历史成本是现行会计实务中比较受关注的计量属性。

（1）历史成本对会计信息质量的影响。历史成本，又称为实际成本，就是取得或制造某项财产物资时所实际支付的现金或者其他等价物。在历史成本计量下，资产按照其购置时支付的现金或者现金等价物的金额计量。负债按照其因承担现时义务而实际收到的款项或者资产的金额，或者承担现时义务的合同金额，或者按照日常活动中为偿还负债需要支付的现金或者现金等价物的计量。采用历史成本计量，客观反映了会计主体发生会计活动的真实情况，以真实的交易为基础，"可靠性"较有保证。但是历史成本计量对决策是不是有用的问题存在很大争议，关键在于历史信息能不能预测未来，我们倾向于历史信息是有用的观点，因为在正常情况下，企业的经营应该是连贯的，采用历史成本可以依据过去的经营状况来预测未来，充分说明历史成本并没有完全失去其价值相关性。历史成本是资产或负债形成时市场对其价值的评价，并且只有在这种资产发生转让或者负债偿还时，即在发生交易的情况下，历史成本才发生变化，也就是被确认为收入或损失。历史成本信息反映了发生交易时的影响，但这种计量模式得出的会计信息并不能反映当今瞬息万变的经济变化，从而在一定程度上影响会计信息的价值相关性。

（2）公允价值对会计信息质量的影响。公允价值，是指在公平交易中，熟悉情况的交易双方自愿进行资产交换或者债务清偿的金额。与历史成本相比，公允价值更具有如实反映性。当然，当计量公允价值的估值模型尚未发展成熟，用于估计公允价值的信息难于取得或估值时使用来自于企业内部的信息时，公允价值计量的可靠性确实会受到影响。但是，随着市场机制以及公允价值估值模型的不断完善，并辅之以其他替代性计量（包括历史成本、现行成本、可变现净值等），或许可以得到较可靠的公允价值会计信息。在采用现值方式计算公允价值时，需要众多的估计，包括时间选择、不确定性、未来现金流量的现值、利率、经济环境等。这些估计的应用威胁着会计信息的可靠性——要么通过对未来环境的不同评判，从而降低估计的可验证性；要么通过在估计中引入偏好，从而减低中立性。由于采用公允价值计量，其计量依据中包含了众多的估计与假设，会对财务会计的基本职能产生动摇，从而在一定程度上影响会计信息的可靠性。

（五）财务报告要素

本书所称财务报告要素，相当于我国的会计要素。国际会计准则委员会在《关于编制和提供则务报表的框架》（Framework for the Preparation and Presentation of Financial Statements）中称之为财务报表的要素，并指出财务报表描绘交易和其他事项的财务影响，是根据交易和其他事项的经济特性，把他们分成大类，这些要素在资产负债表和收益表中的列示，是一个进一步分类的过程。会计要素理论在整个会计理论中具有重要并且是基础的地位：会计要素是对会计对象的科学分类，不确立会计要素，整个会计准则理论框架也就无从谈起；会计要素结构是会计确认和会计计量的基础；会计要素构成会计报表的基本框架，确认会计要素结构是设计会计报表种类、格式，进行会计信息揭示与披露的客观需要。而对会计要素进行怎样的合理划分才能进一步提高会计信息的质量也是一个值得关注的问题。不同的划分方法体现了不同的关于资产和收益的理论。会计界认为对会计对象进行基本分类形成会计要素，到底形成多少个会计要素才算合理，这是一个科学的分类问题。而科学分类的根本目的就是会计要素的分类必须服从于会计目标，适应于会计环境，保证提供给会计信息使用者有用的会计信息。

世界上不同国家认定的财务报告要素是不同的，财务报告要素的差别直接影响到信息披露，影响相关性和透明度。另外，会计要素的定义是否科学也影响会计信息质量。以下具体分析不同国家和地区关于财务报告要素的不同划分对会计信息质量的影响。

（1）FASB财务报告要素的划分对会计信息质量的影响。FASB把财务报告要素划分为资产、负债、权益、业主投资、派给业主款、综合收益、营业收入、费用、溢余（或利得）、损失十个要素。美国的划分方法其优点是突出了权益要素。不仅要求提供权益静态信息，而且要求提供权益重要变动的信息，有利于维护所有者权益；突出了总收益（综合净利）要素。不仅要求提供经营性的收支——营业收入与费用，而且要求提供非经营性的收支——利得与损失。其财务报告要素的内在关系是

资产 = 负债 + 权益

期末所有者权益 – 期初所有者权益 = 综合收益 + 业主投资 – 派给业主款

综合收益 = 营业收入 – 营业费用 + 利得 – 损失

FASB对财务报告要素的划分充分体现了决策有用观的要求，FASB提出的会计目标是财务报告应该提供对现在的、潜在的投资者和债权人以及其他使用者做出合理的投资、信贷及类似决策有用的信息。所以FASB的财务报告要素划分重视会计信息的相关性，并且更加重视收益表要素的内在结构，期初期末权益的变化可以通过业主投资、派给业主款、综合收益三个要素来反映，而综合收益可以由营业收入、费用、溢余（或利得）、损失四个要素来进一步说明，结构相对合理而且要素具有层次性。FASB将资产负债观贯穿一致，设立了业主投资、派给业主款和综合收益要素，用以反映这方面的内容。美国的经济环境比较成熟，资本市场的发达程度比较高，信息需求者的素质也高，所以要求的信息细化程度也较高。要素的细分可以给发达资本市场的高素质投资者带来信息增量，所以美国的财务报告要素划分较细。总之FASB对财务报告要素的划分贯彻了资产负债观，符合

其会计目标的要求，也基本符合其环境要素的要求。鉴于资本市场的要求，FASB 还应该在划分要素时考虑要素的划分要更有助于提供诚信、透明、公允、可比和充分披露的会计信息。

（2）ASB 财务报告要素的分类对会计信息质量的影响。ASB 把财务报告要素划分为资产、负债、所有者权益、利得、损失、业主投资、向业主分派。其财务报告要素的内在关系是

资产 = 负债 + 所有者权益

期末所有者权益 – 期初所有者权益 = 收益 + 业主投资 – 向业主分派

收益 = 利得 – 损失

ASB 认为报告主体所有者权益的增加无外乎是由两种情况产生的所有者（或业主）投资额的增加；报告主体产生了利得。所以 ASB 将收入和利得一起在利得要素反映，将费用和损失一起在损失要素反映，没有对收入与费用按其在未来获利能力方面的不同进行合理划分。这样的划分过于笼统，在有特殊情况时，使用者往往会被误导，或者需要进行大量的对报表信息的再加工工作。因为虽然收入和利得在导致所有者权益增加方面是一致的，但在说明一个主体本期盈利情况和未来财务状况方面是两个在性质上有根本差异的要素，比如营业收入和固定资产重估增值、外汇报表折算差额等产生的收益显然在预测未来财务状况方面作用是不同的；费用和损失在导致所有者权益减少方面也是一致的，但在说明一个主体本期盈利情况和未来财务状况方面在性质上是不同的，比如营业费用和固定资产重估减值、外汇报表折算差额等产生的损失显然在预测未来财务状况方面作用也同样是不同的。而 ASB 在其《财务报告原则公告》中第一章《财务报表的目标》中强调将评价现金产生能力和财务适应能力作为使用财务报表的具体目标。如果使用者要通过主体本期的现金产生能力及财务适应能力来预测未来的情况，那就有必要对利得和损失要素进一步细分为经常的项目和非经常的项目，虽然在许多情况下，经常和非经常是很难确定的，但在不同的收益概念下，对于说明一个主体本期盈利情况和未来财务状况方面还是对使用者很有帮助的。所以，过于笼统的财务报告要素的划分会降低会计信息的有用性。

（3）中国财务报告要素的分类对会计信息质量的影响。我国把财务报告要素划分为资产、负债、所有者权益、收入、费用和利润。我国的财务报告要素也是伴随着会计理论和会计准则的发展在逐步完善。但现有财务报告要素的划分仍然无法在基本准则里找到划分的理论依据和划分的标准，而且对财务报告要素的划分在层次性方面显得混乱。2006年 2 月 15 日新发布的准则中对财务报告要素的划分基本实现了与国际趋同，新准则中的

利润(利润是指企业在一定会计期间的经营成果,利润包括收入减去费用后的净额、直接计入当期利润的利得和损失等。)基本相当于 FASB 的综合收益,所不同的是对利得和损失我国要求划分为记入当期损益和记入所有者权益两类,新准则依然没有反映主体与所有者之间的交易的要素。这种划分的方法考虑了我国会计理论的继承性,继续保留了利润要素,而且利润要素的含义也发生了变化,其定义在逻辑上更加严密了,但总的来说将利得和损失划分为记入当期损益和记入所有者权益两类,实际上使得利润要素的确定仍然要依靠具体准则来规定。我国在新准则中明确提出了财务会计报告的目标是向财务报告使用者提供与企业财务状况、经营成果和现金流量等有关的会计信息,反映企业管理层受托责任履行情况,有助于财务报告使用者做出经济决策。从这个角度来看,利润要素的确定依靠具体准则有一个好处就是可以更好地保证受托责任观的实现,因为在具体准则里可以根据我国的实际情况及经济效益审计的需要来进行利润要素的具体规范,具体准则的制定灵活性较大,最起码在财务报告要素这个方面受基本准则约束较小,也可以避免具体准则与基本准则的冲突和矛盾,很好地解决了基本准则与具体准则之间的关系问题。就我国的实际情况来看,在我国,国家、银行和管理型投资人占所有法人企业投资者总数的绝大部分比例,证券市场职业投资者比例较小,我国处于显性状态的投资人环境是管理型投资人。当然,我国同时也存在证券市场上的职业投资人。我国目前在最新的基本准则里继续保留利润要素,并且没有采用全面收益这样的概念是符合我国实际情况的,其实在采用全面收益的会计理论里存在基本理论与具体准则的矛,而我国继续采用利润要素并且将利得和损失在基本准则里划分为记入当期损益和记入所有者权益两类,最大限度地使基本准则可以和具体准则不存在内在的矛盾,也使得基本准则可以适应环境的变化,也可以为使用者提供更加高质量的会计信息。

(六)会计准则制定程序

会计准则制定程序是指在准则制定中所遵循的事先设定的步骤或程序,大多数国家的准则制定都有一套较为严密的程序。会计准则制定程序的目的是为了保证准则制定的独立性、公平性、公开性,以保证会计准则的质量。会计准则应该按照什么程序来制定,这是研究会计准则制定的程序时必须回答的问题。准则制定的程序相当于产品生产的一道道工序,工序的合理与否将直接影响产品的质量,可知偷工减料的生产可能会产生次品,而严密的生产程序可以保证高质量的产品,同样道理,严密的准则制定程序也有助于产生高质量的会计准则。可以说,有无程序以及这套程序是否完整、充分、严密、稳定,直接影响到会计准则的质量,从而影响会计信息质量。

当今会计界,众多国家在制定会计准则时参照了美国的会计准则制定程序,即允当程序。允当程序在英美国家比较流行,有关政策制度和规范的形成都是建立在允当程序的基础之上。具体到会计准则的制定,允当程序是指在制定会计准则时遵循一套严谨、充分、稳定的程序,充分听取各利益方的意见,鼓励人们广泛参与,强调程序的公开、公平、公正,不为某一强势集团所控制,以确保制定结果的合理性和可接受性。它主要包括以下几个步骤。

（1）筛选报告的问题并确定列入委员会日程表的项目。

（2）任命由会计界和工商界谙熟会计知识的人员所组成的专题研究组。财务会计准则委员会的技术人员在向专题研究组进行咨询的基础上,拟订一份关于所报告问题的讨论备忘录,讨论备忘录陈列基本问题和所考虑的解决办法。

（3）讨论备忘录向公众公开至少60天,以便公众的审验。

（4）举行公开听证会,以征求各种可能情况下准则的优点和缺点。

（5）根据所收到的各种口头和书面的意见,委员会拟订一份要制定的财务会计准则公告的征求意见稿。与讨论备忘录所不同的是,征求意见稿表明委员会对所报告问题的明确态度。

（6）征求意见稿至少向公众公开30天,以便公众的审验。

（7）再次举行公开听证会,以收集关于征求意见稿优点和缺点的意见。

（8）委员会再次根据所收到的各种口头和书面的意见,做出决定采纳征求意见稿,并作为正式的财务会计准则公告;对征求意见稿进行修改,并再次遵循"充分程序"推迟发布准则并将项目保持在日程表上;不发布准则,并将该项目从日程表上取消。

美国会计准则制定程序具有以下优点:广泛吸纳了各界代表参与准则制定过程。专题研究组成员由会计界及工商界代表组成,能更全面地考虑到各方面问题,权衡各方利益,高提会计准则的公允性;充分地向广大公众征求意见。讨论备忘录及征求意见稿都必须向公众公开,在必要时还举行公开听证会,社会公众有足够多的时间与渠道参与准则的制定过程,提高会计准则的透明度;制定程序具有稳定性、严密性。美国的每项准则颁布前都必须严格地遵循以上程序,而且每个准则公告的最后都要附上每位准则委员会委员的表决意见,对于不支持发布该项准则的,必须说明具体原因,具有很强的公开性。

当前我国的会计准则制定程序是在借鉴其他国家及国际会计准则委员会经验的基础上由财政部拟定的。具体包括以下四个阶段:计划阶段,研究阶段,起草阶段,征求意见阶段。

计划阶段:提出并确定年度拟制定的具体准则项目,报部领导批准后,具体分工落实到起草小组和起草人,并确定起草时间。起草小组是由财政部负责会计管理工作的会计司的有关处的人员组成的。

研究阶段：由起草人广泛搜集并研究国内外资料、文献，了解国内外实际做法，提出初步结论。其中德勤咨询专家组重点对主要国家和地区以及国际会计准则进行比较研究，并提出比较研究报告，供起草人参考。

起草阶段：起草人根据自己掌握的资料以及德勤咨询专家组提供的比较研究报告，进一步总结研究成果，起草研究报告，对正式起草准则需要涉及的问题进行全面论证。在此基础上，起草具体准则初稿，初稿经所在起草小组讨论后，形成讨论稿。讨论稿完成后，在核心小组或会计准则组内讨论，提出修改意见。起草人根据会议讨论的意见，提出征求意见稿，报司领导审阅。核心小组是指由财政部会计司的领导和有关处负责人组成的会计准则核心小组。该核心小组在部领导统一领导下，全面负责具体准则的制定工作，具体负责总体计划和重大问题的研究、讨论、决策，或向部领导提出决策建议。

征求意见阶段：经部领导批准，对具体准则征求意见稿组织征求意见。先在国内咨询专家组范围内征求意见；然后发至各省、自治区、直辖市和计划单列市财政厅以及国务院有关业务主管部门，组织征求各该地区和部门的意见。必要时，还将通过座谈会等形式征求意见。

由于我国会计准则制定属于典型的政府模式，其最大特征是具有较强的强制性，可以克服博弈过程中"讨价还价"带来的交易费用。另外，从制定会计准则的四个阶段来看，我国会计准则制定机构也力图建立一种广泛听取各方意见、充分利用他人知识的机制，以提高会计准则的质量。但与理想的会计准则制定程序相比，上述程序在某些方面还存在一定程度的不足，主要体现在准则制定过程公开性不足，不能做到充分博弈。从我国现行会计准则制定程序的四个阶段来看，除了征求意见阶段社会公众能够看到准则的征求意见稿以外，其他三个阶段都存在公开性不足甚至不公开的状况。征求意见不广泛、不充分，运用他人知识有限尽管我国也制定了在准则正式发布之前发布征求意见稿向社会各界征求意见的程序，但由于目前征求意见的范围有限、时间安排不合理，导致不能充分运用他人知识，未能达到理想的效果。当前我国会计准则征询意见的方式主要是通过行政机关层层组织进行的，征求意见的形式主要采用的是公文传递式，征询意见的对象大多是有关业务主管部门（的官员）和部分专家学者，而较少考虑会计实务工作者和社会公众，因此难以保证征询意见的充分性。事实上，会计实务工作者，尤其是企业会计人员作为会计准则的执行者，他们对准则是否具备可操作性、是否符合国家和企业的实际情况等是最有发言权的。社会公众对会计准则是否公允、透明、充分披露等等也会有自己的看法，缺少了他们的参与，其后果是一方面不能充分运用他人知识，准则的先进性不足。

三、会计准则本身

会计准则是对会计工作过程中逐渐形成的基本原则和规范，而且大多数只是对以往会计实践的总结。每当许多新情况、新领域、新行业出现的时候，总是很难找到一个恰当的会计准则作为会计操作的依据，因此客观上需要不断创新会计惯例，即会计准则本身的局限性会影响会计信息的及时性和相关性。同时，随着企业经营方式的多样化，经营活动范围的扩大和社会、金融、法律环境的日趋复杂化，使同类会计事项的个性日益丰富，会计改革也要求给予企业较大的会计政策选择权，由于会计信息的生成有隐蔽的主观意愿参与，不同参与主体对会计政策和会计估计的选择不同影响了会计信息的质量。

（一）会计政策选择对会计信息质量的影响

企业会计政策是指企业在会计核算时所遵循的具体原则以及企业所采纳的具会计处理方法。企业应当在会计准则的范围内，选择适合企业实际情况的政策。众所周知，会计准则的制定过程实质上是会计报告的编制者与会计报告相关利益集团合作博弈达到均衡的过程，会计准则大多是各方利益均衡与妥协的产物。财务会的目标在于向外部会计信息使用者提供决策有用的信息，但在现有的以会计准则和会计制度为企业会计政策规范主体的模式下，对某一经济事项的会计处理往往有多种备选的会计处理方法，为企业进行会计政策选择留下了较大的选择空间。企业会计政策的选择贯穿了企业从会计确认到计量、记录、报告诸环节构成的整个会计过程，会计的过程其实就是会计选择的过程。从这个意义上讲，会计其实是一门貌似精确但事实上并不精确的学科。会计理论和实务中的许多问题并没有一条放之四海而皆准的取舍标准，因此会计过程的最终产品——会计信息多半是主观判断的产物，是各个利害关系集团如股东、债权人、政府、企业管理当局等各方利益博弈均衡的结果。企业选择不同的会计政策产生不同的会计信息，导致企业利害关系集团不同的利益分配结果和投资决策行为，进而响社会资源的配置效果和结果。

（二）会计估计变更

会计估计变更是指由于资产和负债的当前及预期经济利益和义务发生了变化，从而对资产和负债的当前账面价值和资产的消耗金额进行调整。正确的会计估计变更能够更加合理的反映企业的资产和负债的状况，对投资者的决策起到巨大的推动作用，歪曲的会计估计变更导致产生的会计信息偏离企业的真实状况，影响会计使用者的经济决策，侵害投资者的利益。

（三）会计准则的局限性

随着经济的发展,新兴产业不断涌现。由于会计准则反应的滞后性,导致新的经济业务和事项无法用现有的法规来约束,只能参照某类业务事项进行会计处理。由于不同会计主体之间对新兴经济业务理解上的差别,使用了不同的会计处理方式,导致会计信息偏离超出可接受的程度,这就由于会计准则的局限性,缺乏超前性所带来的会计信息质量下降问题。另一方面,由于某些会计名词有多种含义,往往会产生理解上的偏差,造成操作结果的不确定性,从而影响会计信息质量。一些企业还利用这点故意粉饰公司的财务报告,使其反映的会计信息偏离企业的真实状况。

四、会计准则执行

会计准则执行是准则执行者通过采取行动,将会计准则形式上的内容转化为现实效果,以实现既定准则目标过程。会计准则在实际运行的过程中会受到多方面因素的影响,这些因素通过直接影响会计准则的执行,间接影响会计信息的质量。通过分析这些因素对于会计准则执行的影响方式和作用结果,可以帮助人们在实际的会计准则执行过程中,尽量消除不利影响,以促使会计准则的顺利实施,从而生产高质量的会计信息。本节从以下几个方面分析会计准则执行的影响因素。

（一）执行资源

（1）财物人力资源。每一项会计准则的执行,都需要投入一定的人力、物力和财力,这三者是不可分开的。财物人力资源是一种最基本的准则资源,是准则执行的物质基础。它的投入应本着以最小的投入获取最大的产出为原则,既保证会计准则执行活动的正常开展,又要避免不必要的消耗。适量的财物人力资源的投入,有助于会计准则的有效执行。反之,财物人力资源投入过量,就会造成资源浪费,不利于会计准则的有效执行。

（2）信息资源。会计准则执行者不仅应该获得足够的信息资源,而且还应当确保信息渠道的畅通无阻,以保证会计准则达到预期效果。同时,使用信息资源时要特别强调时效性,只有及时的信息才是有效的。因此,会计准则执行者在运用信息资源时,应当讲求运用信息的效率,以信息利用的高效能来牟取准则的高效益,密切注意信的反馈,及时调整实施方案、使信息利用呈现最佳价值,保证会计信息的及时性,进而使会计准则目标的顺利实现。

（二）会计准则受众

会计准则能否达到目标,不是会计准则制定者一厢情愿的事情,也不是会计准则执行者能够完全决定的事情,而是在很大程度上取决于会计准则受众的态度。一般来说,会计准则受众在准则的实施中有两种选择：接受准则或不接受准则。会计准则受众顺从和接受的程度是影响会计准则能否有效执行的关键因素之一。一般来说，会计准则受众接受还是不接受某项准则存在着多方面的原因，但归根结底它主要取决于以下两因素：一是准则与个人实际利益的关系；二是准则与个人行为方式的关系。从准则与个人实际利益的关系而言，由于准则表现为对个人利益的调整，那么在这种调整过程中，一部分人获得更多的利益，相对地就意味着另一部分人减少了某些利益。得到不同利益的人们对准则往往采取不同的态度。在一般情况下，准则的受益者总是准则执行的动力，而受损者往往成为准则执行的障碍。因此这就要求在执行准则的过程中，一方面要做广泛的宣传解释工作，尽可能地扩大准则的社会支持度；另一方面也要保障准则的权威性，以保证准则得到有效的执行。从准则与个人行为方式的关系看，行为方式是受价值观念影响的，一项本质上能给公众带来根本利益的准则，在执行之初由于与公众的价值观念不相符合，往往使他们对准则产生抵触情绪，即起初表现为难以接受。如果准则受众行为的调整与其原来习惯的思想和行为差距较大，则不容易很快接受准则，准则执行也就难以迅速达到预期的目标。因此，准则的有效执行往往需要缩小会计准则受众行为的调适量，或采取渐进的方式，以利于人们对准则的顺从和接受，保证高质量的会计准则的顺利实施。

（三）执行人员

会计准则的执行必须依赖于一定的人员来承担，没有较高素质的执行人员，要有效地执行会计准则，生产高质量的会计信息是不可能的。合格的执行人员应具备较高的准则水平，首先，其自身的专业素质要非常过硬，对于会计业务的实质要清楚明白。其次，他必须有充分理解力，能够深刻领会准则的性质、含义等；合格的执行人员应该有积极的意向和工作态度。当准则执行者的利益被他们执行的准则所调整时，他们必须在整体利益和局部利益的两难选择中做出抉择，对准则有积极的认同感，这样才能保证提供的会计信息不会因为利益因素而有失偏颇，在一定程度上保证会计信息的真实性和公允性；合格的执行人员应当具有合理的知识结构和较强的组织能力。一般来说，会计准则执行人员应该是综合型人才，除了具备基本的会计知识外，管理知识，经济学知识，法律知识都是必须具备的。而且，由于工作的复杂性，执行人员往往在团体中工作，基本不可能单枪匹马地干，所以这就要求一名合格的执行人员还需要具备一定的组织能力。总而言之，要能够对会计准则进行有效执行，离不开合理合格的执行人员。所以，良好的会计准则执行人员是会计准则执行的重要保障和影响因素。

（四）会计准则环境

任何一项会计准则的执行都要受到所处社会环境的影响和制约。首先，会计准则执行情况会受到不同国家经济环境因素的影响，从而出现差异。比如企业经济结构特点和经济发展水平的不同，必然会对会计准则执行的内容和要求产生影响。企业经济活动的国际联系程度，同样要影响到会计准则执行的深度和广度。而不同资金来源的企业，会计准则执行的透明度必然不同，贷款为主的企业，侧重于稳健会计准则的执行，而以接受投资为主的企业，必然强调会计准则执行的公允性和客观性，因此在不同经济环境下对会计信息质量的要求也不同。其次是政治和法律环境因素。执行会计准则时，必须重视政治和法律因素的影响，因为经济人为了实现自利的目的，往往会利用政治手段。因此，准则的政治行为相当程度上是经济后果的直接延伸。也就是说，会计准则的经济后果，是一种经济利益的协调，追求公平、合理，而会计准则的政治化程序，更多地强调准则的宏观效应，政府及其他权力机构将准则视为一种能实现其既定目标的手段，通过权力强制某一项准则的通过与执行。最后是社会心理环境因素。一定的社会心理态势是准则能否得以有效执行的重要条件。因为社会的心理态势直接影响到人们的经济政治行为。从社会心理环境来看，主要表现在审慎性和保密态度。比如在我国由于人们长期受到儒家教育的影响，社会整体性格比较保守和谨慎偏向中庸，社会成员的性格倾向会直接或间接的影响到会计信息生成和披露的充分性和及时性。我国的社会文化更加主张表扬集体主义，批判个人主义，这表现在会计工作中就是更加注重会计工作的规范性和强制性，会计准则由政府机构来同意制定并强制执行，对未来事项的不确定性更加倾向于采取保守的处理方式，表现在改进制定新准则上，不够积极乐于保持现状，这与国际惯例和会计国际化是不相一致的。所以，一个国家的会计准则也会受到本国文化环境的影响，这不仅会表现在会计准则的内容上能够，而且影响到会计准则的表达方式。

第三节 会计准则国际趋同对会计信息质量的影响

本节首先介绍了会计准则国际趋同的内涵，然后介绍了主要国家和地区的趋同现状。分析不同国家推进国际趋同的动机，利用国际会计准则的制定和执行的相关理论得出它对会计信息质量的影响。

一、会计准则国际趋同概述

"会计准则国际趋同"这一概念中，其中"趋同"这一说法是近几年才被广泛应用的概念，相比较之前更常被使用的是"协调"。然而，会计理论研究者们用"趋同"来更替"协调"，不言而喻的是这并不是在玩文字游戏，而是因为更换后的概念比之前的更加具有现实意义。协调是 IASC 的工作重心，而趋同则是 IASB 的工作重心。"协调"和"趋同"有实质的不同，会计国际协调强调各国的主观努力，会计国际趋同更加能够表现出会计国际化的目标。"协调化"就是限定、减少乃至消除各国会计差异的过程，目的就是增加可比性或形成一套会计标准。协调化过程可以是自然进化过程，更是人们有目的、有组织的行为过程；协调化也是一种状态或结果，协调化状态可以是不存在矛盾之处的大同小异，也可以是标准化或统一化状态。1973 年 IASC 刚成立时，其目标是减少各国会计标准差异。2001年改组成为 IASB 后，其目标变成制定一套单独的高质量、可理解和可实施的全球准则，使全球的会计准则与其趋同，以帮助全世界资本市场中的参与者和其他使用者做出经济决策。

与会计准则国际趋同相对应的概念是"会计实务国际趋同"，会计准则国际趋同是会计实务国际趋同的前提。无论是会计准则国际趋同还是会计实务国际趋同，最终目标是高度可比性的全球财务报告。本书基于理论界学者们的研究，同意会计准则国际趋同就是各国会计准则向国际会计准则渐渐靠拢的过程，最终表现为各国财务报告反映的会计信息具有高度可比性，而非单纯地追求各准则一致性。对于"趋同"这一概念王军曾对其内涵做出解释，本书结合其解释认为，会计国际趋同是向着全球性的会计准则发展的渐进的过程，它以全球会计信息具有高度"可比性"为标志。

通常情况下，"国际会计准则"指国际会计准则委员会（IASC）改组前发布的国际会计准则及其解释公告。2001 年，国际会计准则委员会改组为国际会计准则理事会，由会计会计准则理事会负责国际会计准则的制定，并且其发布的新准则名为"国际财务报告准则"取代原来的"国际会计准则"。关于原来的有国际会计准则委员会发布的国际会计准则以及其解释公告在没有被国际会计准则理事会修改或禁止之前仍然有效。因此，现在所称的国际会计准则，不仅包括国际会计准则理事会发布的"国际财务报告准则"，还包括国际会计准则委员会发布的仍然有效的国际会计准则。本书由于说法习惯，本书仍然用"国际会计准则"这一概念。

二、会计准则国际趋同对会计信息质量的影响

前文已说明，会计准则的国际趋同就是与国际会计准则委员会的国际会计准则趋同。实际上，与国际会计准则趋同是会计准则国际趋同的核心内容，除此之外，会计准则国际趋同还包括与国际会计准则委员会的《编制财务报表的框架》趋同以及会计实务的国际趋同。《编制财务报表的框架》本身不是准则，但它却是国际会计准则制定和会计实务处理

的理论依据,对会计准则的质量、会计实务的质量进而对会计信息质量产生重大影响。会计实务国际趋同是会计准则国际趋同追求的直接结果,会计实务是否趋同才是决定对外披露的信息质量的决定因素。

(一)编制财务报表的框架

编制财务报表的框架主要包括财务报告的目标、会计信息的质量特征、会计要素等。以下分析主要概念对会计信息的影响。

1.财务报告的目标

TASC认为财务报告的目标是为一系列用户提供有助于经济决策的关于企业财务状况、经营业绩和财务状况变动的信息。为此目的编制的财务报表,能够满足的大多数使用者的共同需求。不过,财务报表并不能为使用者提供经济决策所需的全部信息,因为财务报表主要是描绘过去事件的财务影响,而且不一定提供非财务信息。财务报表还反映企业管理层对交托给他们的资源的经营成果或受托责任,所以《编制财务报表的框架》确定的目标应该是决策有观兼顾受托责任观,主要看重会计信息的相关性同时兼顾会计信息的可靠性。

美国为了从制度上杜绝类似财务舞弊案件的再次发生,于2002年7月通过了《萨班斯—奥克斯利法》。按照该法案的要求,美国证券交易委员会责成财务会计准则委员会提交一份"关于美国财务报告采用以原则为导向的会计准则"的研究报告。由于原则导向的会计准则要由内在一致的概念框架衍生而来,因此FASB对现有概念框架的修订将不可避免。当人们对美国会计准则体系产生怀疑的同时,国际会计准则的地位却迅速上升。包括澳大利亚和欧盟等国家和地区纷纷宣布,拟采用或拟趋同于国际会计准则。为了扭转美国会计准则在世界上的声望和地位,也为了控制会计准则制定的国际主导权,美国财务会计准则委员会决定与国际会计准则理事会展开全面合作,实现概念框架和会计准则的全面趋同。FASB与IASB于2010年发布了联合概念框架的最终稿。

联合概念框架是借助于相关性和如实反映与经济现象之间的关系来界定二者的逻辑顺序。联合概念框架指出,经济现象是指经济资源、对这些经济资源的要求权以及使它们发生变动的交易、事项和情况。相关性解决的问题是将经济现象与财务报告使用者的决策联系起来,运用相关性将确定哪些经济现象应当在财务报告中予以描述。如实反映解决的问题是采用何种方法描述经济现象。联合概念框架根据上述关系得出结论,相关性应当是首先予以考虑的质量特征。因为,如果一个经济现象与使用者的决策是无关的,那么在此情况下考虑其他的质量特征是毫无意义的。而一旦确定了哪些经济现象是与决策相关的,接下来就要运用如实反映来决定采用何种方法描述这些经济现象。因此,如实反映应排在相关性之后予以考虑。明确界定基本质量特征的逻辑顺序是联合概念框架会计信息质量特征中的一个重要变化，它明确回答了会计基础理论研究中的一个颇具争议的问题：即当相关性与可靠性发生冲突时，应当优先考虑哪个质量特征。

2. 会计信息的质量特征

IASC 关于编制财务报表的框架中对会计信息质量特征的定义如下。

（1）可理解性。财务报表中提供的信息的一项基本信息质量特征，即便于使用者理解。在这里假定财务信息面对的是具有一定的工商经营活动和会计方面的知识并且愿意花费一些功夫去研究信息的使用者。（2）相关性，指有用的财务信息必须与使用者的决策需要相关联。提供的信息可以帮助使用者评估过去、现在或未来的事项，或者通过确证或纠正使用者过去的评价，从而影响使用者的经济决策时，信息就具有相关性。（3）可靠性，指有用的信息必须是可靠的或可信的。当提供的信息没有重要差错或偏见，能如实反映其所应反映！理当反映的情况，可供使用者决策作依据的，这项信息就具有可靠性。如实反映，其意为忠实的描述，既不粉饰现实，也不杜造虚假。（4）可比性。财务报表信息的使用者为了更好地理解和分析企业的财务状况和经营业绩的变化趋势，不仅需要比较企业不同时期的财务报表数据，还需要对同一时期不同企业的财务报表的数据进行比较。为此，要求财务报表提供的信息必须具有可比性，要求同类交易或其他事项的计量和列报必须按一致的方法进行。

联合概念框架中相关性的变化并不大，对相关性的修订主要是吸收了 FASB 和 IASB 各自概念框架中相关性的有益部分。消除概念上的差异，并明确了及时性和重要性与相关性的关系有助于会计准则的国际趋同。联合概念框架对可比性的质量层次做出明确的定位，并且明确了可比性与一贯性的区别和联系。联合概念框架关于可比性的界定将有助于提高会计信息的整体质量。联合概念框架将可理解性列为一项增进的质量特征的目的就是表明，难于理解的信息应当予以列报，不能仅仅因为一些使用者无法理解，就将某些有助于决策的复杂信息排除于财务报告之外。应该说，联合概念框架对于可理解性的定位和解释是合理的，有利于提高会计信息的整体质量。

FASB 和 TASB 对可靠性的理解尚存在着较大的差异，联合概念框架中关于可靠性的概念发生了两点重大变化。首先，联合概念框架用"如实反映"取代了"可靠性"；其次，曾经在 SFAC No.2 和 IASB Framework 中被列为可靠性构成要素的实质重于形式、谨慎性和可验证性没有被列为如实反映的组成要素。（1）用"如实反映"取代了"可靠性"。SFAC No.2 和 IASB Framework 都使用可靠性来表达如实反映的含义。但联合概念框架认为，FASB 和 IASB 都没能清楚地传递可靠性的含义。联合概念框架指出，人们普遍缺乏对可靠性的一致理解。一些人强调可验证性或无差错；另一些人更强调如实反映和中立性；还有人认为可靠性主要是指精确性。鉴于很难清楚地解释可靠性的含义，因此联合概念框架决定用"如实反映"取代"可靠性"，以便更清楚地表达可靠性的含义。（2）从"可靠性"中移除"可验证性"，并将其降低为一项增进的质量特征事实上，在联合概念框架的初步意见稿中，可验证性被列为如实反映的一个构成要素。但在征求意见过程中，一些反馈者指出，将可验证性列为如实反映的一个组成要素会排除一些不易于验证的信息。许多预测性的估计在提供相关会计信息方面发挥了很重要的作用，例如预测现金流量、预计使用寿命和预计残值等。但这些信息却不能直接验证。而排除这些预测性信息会使财务报告信息的有用性大大降低。基于这一理由，联合概念框架认为可验证性虽然有用但不是必需的。因此，联合概念框架将可验证性从可靠性中移除，并将其列为一项增进的质量特征。（3）从"可靠性"中移除"实质重于形式"联合概念框架认为，将实质重于形式列为如实反映的一个要素是多余的。如实反映是指财务信息反映了经济现象的实质，而非仅仅反映其法律形式。换句话说，反映经济现象的法律形式而不反映其经济实质的信息，并不是如实反映的。（4）从"可靠性"中移除"谨慎性"联合概念框架认为，没有将谨慎性列为如实反映组成要素的原因是：谨慎性与中立性相矛盾。虽然一些观点认为谨慎地估计资产、负债、收入和费用有助于克服企业管理层的过于乐观的估计，从而降低财务报告信息的风险。但联合概念框架工作组认为，谨慎性会导致偏见。也就是说，报表编制者不可能在长期中一贯地坚持谨慎性。本期低估资产或高估负债会导致以后期间高估收益，这种结果不能说是谨慎的。

（二）准则制定模式和程序

1.国际会计准则制定模式

（1）导向模式。国际会计准则选择原则导向的制定模式。原则导向最大特点更加强调投资者等信息使用者的需求，这样可以促使会计准则的编制者更加关注业务实质，更好地体现会计准则的目标。如果仅仅是为了简单处理经济业务而采用规则处理，也许在会计事项处理方法上看起来是统一的，但是由于反映实质水平较低，此时即使规则导向提高可比性，也失去了它本身的追求；采用原则导向的会计准则，能更贴切地贯彻一套内在逻辑一致的、内容全面完整的、国际上普遍适用的概念框架。以概念框架普遍适用为基准，能提高财务报告使用者对概念框架的理解，提高对业务的会计处理方法的认同，从而达到会计准则可理解性的目标,提高会计信息的可理解性；

（2）机构模式。会计准则理事会是一个独立的组织，它不依附于任何国际组织，不受特定政府控制，且具有非营利性。其优点：首先，是它不受政府直接管控，独立性很强。

其次,在准则制定过程中以公共利益为前提,具有较高的公允性。再次,国际会计准则制定机构组成成员都是技术性和专业性人员,保证高质量会计准则的制定。所有成员来自不同国家,独立于任何组织和地区利益,代表性强。但是,国际会计准则理事是一个非营利性的组织,存在因经费原因受到利益集团的游说的可能性,影响会计准则的中立。其次,由于没有权威性政府的强制力支撑,国际会计准则只能靠各国家或企业的自愿遵守,直接影响国际准则的执行效果,因而无法保证高质量会计信息质量的产生。

2. 国际会计准则制定程序

IASC 于 2000 年实行改组,其中有一部分原因是因为 IASC 的准则产生程序亟待改进,改组后的组织叫作 IASB。IASB 的运作程序及改进为了保证 IASB 能够制定出高质量的国际财务报告准则,IASC 基金会章程要求 IASB 将"国际充分程序"作为其运作程序。这一程序涉及全世界的会计师、财务分析师、企业界、股票交易所、监管和立法当局、学术界和其他利益相关的个人和组织。IASB 应在公开会议上就主要项目、议程决议和优先工作顺序等向"准则咨询委员会"咨询,在向公众开放的会议上讨论技术问题。IASB 在 2002 年 4 月批准通过的《国际财务报告难则前言》中,详细规定了"国际充分程序"的以下具体步骤:(1)要求工作人员确定和审核与议题相关的所有问题,并考虑"框架"对这些问题的使用;(2)研究各国会计核算的要求和实务,与各国准则制定机构就这些问题交换看法;(3)向"准则咨询委员会"咨询是否可以将该议题添加到 IASB 的议程中;(4)成立咨询小组,就该项目向 1ASB 提供建议;(5)发布讨论稿,向公众征求意见;(6)发布至少由 8 名 IASB 成员投票批准的征求意见稿,向公众征求意见成员所持的任何不同意见;(7)随征求意见稿公布结论基础;(8)考虑在征求意见期限内收到的所有对讨论稿和征求意见稿的意见;(9)考虑是否需要举办听证会以及是否需要进行实地测试,如果认为有必要,就举办这类听证会和进行这类测试;(10)由至少 8 名 IASB 成员投票批准一项准则,发布的准则包括任何不同的意见。随准则公布结论基础,说明 IASB 充分程序的步骤以及 IASB 如何处理公众对征求意见稿的意见等。

相对于 IASC 的充分程序,IASB 的充分程序主要在以下方面作了改进。

第一,程序更加公开。一般而言,IASB 的所有会议,除了有关人事任免等会议外,均向公众公开;IASB 还充分利用互联网等现代技术,克服参加公开会议的公众有关地区和后勤上的障碍;IASB 会议的议程在会议前提前公布,会议后则公布技术决议的概要情况。第二,举行听证会和实地测试。实行这些步骤的目的,是为了增加国际会计准则的切实可行和可操作性,这是 IASC 的充分程序中所没有的。第三,加强了与各国准则制定机构充分程序的协调。例如,IASB 与各国准则制定机构互相协调它们的工作计划、当 IASB 开始一个项目时,国家准则制定机构也将它添加到自身的工作计划中,从而使它们为制定国际准则发挥充分的作用。反过来,当国家准则制定机构开始有关项目时,IASB 也会考虑是否需要制定新的准则或修订已有的准则。在一段合理的期限内,IASB 与各国准则制定机构会对目前存在重大差异的所有准则进行评审,并优先考虑存在最大差异的那些领域。通过充分程序方面的协调,有利于 IASB 加强与各国准则制定机构的关系,从而促进 IASB 准则与各国准则的趋同。第四,IASB 在发布征求意见稿和会计准则时,还将公布 IASB 成员的不同意见以及形成最终结论的基础,从而使准则制定程序更加完善。

三、会计准则执行与各国会计环境

会计总是与特定环境下的各种社会因素密切联系在一起,不仅包括社会政治制度、经济体制、生产力水平,而且也与一国的传统文化因素和教育水平密不可分。从理论上讲,国际会计准则不可能完全适用于某一个国家,不论是发达国家还是发展中国家,无论是英美法系国家还是大陆法系国家,这是因为其本身的制定不以任何某个国家背景。国际趋同的会计准则,在执行过程中实际上还受到特定国家和社会环境的制约。因此,在全球各个国家和地区推行国际会计准则趋同的同时,还要重视各国制度环境因素对准则执行的影响,各国采用相同的一套会计准则,并不保证各国具体的会计方法趋于一致。前述有关国家或公司采用国际会计准则的文献研究表明,虽然目前国际会计准则的推行取得了一定的成绩,但是它的执行效果在不同国家和公司中存在很大的差异,尤其是在基础制度尚待完善的发展中国家,其执行效果不是很显著。所以,采用高质量的会计准则只是高质量信息的前提,会计准则执行的影响因素,对会计准则的实施效果和会计信息的质量起着非常重要的作用。

会计准则形式上的差异往往是比较受关注的,但其执行的具体会计环境之间的差异在过去经常被忽略。在一些社会基础制度不够完善的国家和地区,如公司产权结构、法律体制不太健全的国家,以及会计监管和会计实务人员专业能力水平较低的国家,如果只是一味地追求与国际会计准则一致,没有实质内容的形式上的一致,只会导致本国会计准则与国际会计准则趋同失去了意义,承受趋同的不良经济后果。无论多么好的一套会计准则,如果它们不能被有效地实施,就成为一纸空文没有任何现实意义。所以,要使国际会计准则在本国会计环境下发挥其应有的作用,真正意义上实现会计准则国际化,一套有效的执行机制是必不可少的,建立一套匹配的执行制度是会计国际协调里程中十分重要的一环。

四、主要国家会计准则国际化进程

（一）美国

美国是拥有最大资本市场的国家,证券交易委员会(SEC)是美国企业会计准则的法定制定机构。证券交易委员会的使命是保护投资者的利益,保持美国资本市场的流动性和竞争力。在证券交近易委员会的准则制定的过程中制作出一套复杂的企业会计准则。这套会计准则能够适应美国的税法、行业界的法律法规,因此逐渐得到了业界的认可。美国公众认为本国的这套企业会计准则是领先于国际会计准则的,因此在早期对向国际会计准则学习的积极性不高。为什么也开始考虑向国际会计准则学习,制订准则趋同路线图,并与IASB开展联合项目,积极引导和参与IFRS的制订呢?原因有三:一是由于资本市场一体化趋势,各主要经济体相互关联,牵一发而动全身,世界金融危机就很好地说明了这一点,任何一个国家和地区都不可能独立与世界体系之外,发展资本市场只依靠自身力量闭门造车是根本没有机会的。美国逐渐意识到要发展自身的经济,扩大资本市场来降低筹资成本,仅仅依靠自身的力量是不够的。美国要保持资本市场的吸引力,要提高对投资者的吸引力,不仅仅是对国内投资者,也包括国外投资者。这就需要建立一套和国际统一的会计准则。这样就可以帮助国内投资者比较国内的投资和国外的投资哪一个更加有投资价值,从而做出正确的投资决策,也同时,也可以降低国外发行人在美国市场进行证券发行的成本,增加美国资本市场的吸引力。即国际会计准则世界范围内的可比性是美国追求的首要目标。二是越来越多的国家承诺或者使用国际会计准则,使国际会计准则的外部效果越来越明显。美国也希望能够取得在企业会计准则制定中的话语权。三是由于安然事件的发生。美国会计准则自认为是最先进和完善的企业会计准则。但是21世纪以来,随着安然事件,世界通信公司的财务丑闻的曝光。美国逐渐意识到自己的企业会计准则体系存在着一定的内部缺陷,特别是在公允性和真实性方面。安然事件后,证券交易委员会对会计准则的制度进行了反思,并在2003年发布了《对美国财务报告体系采用以原则为基础的会计模式研究》,美国证券管理委员会对这个报告进行了借鉴,双方达成了一致。认为要以目标作为导向,减少会计准则的界限的测试和比率测试。要求外部审计师在审计中要提高财务报告和会计信息质量,注重利用自己的职业判断。这里的要求和国际会计准则是一样的。美国为了增强自身会计准则与国际会计准则的可比性,维持其在资本市场上的竞争能力,保护投资者的利益,并且积极地参与国际会计准则的指定。同时也积极地争夺会计准则制定的话语权。为了提高会计准则的质量,从21世纪以来,美国也逐渐加大了对企业会计准则的借鉴,积极参与国际会计准则的制度。

（二）欧盟

从欧洲经济共同体时代起，欧盟就开始通过颁布和实施财务与会计指令，在地区范围内进行会计协调，这些会计指令一般都具有很强的法律约束力，并且欧盟要求其成员国将会计指令写入本国相关的会计法律法规中。但利用这些会计指令对欧洲经济共同体进行协调方式存在一些弊端：首先，会计指令只包含一些原则性的要求，允许不同国家和地区有多种选择权，导致各国对其中的一些质量的理解和解释不同，影响欧盟各国会计信息的可比性。其次，监督指令在实务中贯彻落实由各成员国执行，各国执行监督力度和时间表的不同使得各成员国报表的可比性和透明度不够。最后，欧盟成员国内部由于会计环境的巨大差异，使其在会计目标或者是具体的会计核算上都产生很大的差异。例如，法国和德国强调形式重于实质，更加看重形式而非实质，两国的税法对会计核算有深刻的影响，而英国和荷兰的情况正好与此相反。实现各成员国之间资本、劳动、贸易的自由流动，建立共同的经济市场是欧盟的基本目标，共同经济市场的建立特别是资本市场的统一要求财务信息可以自由流动、可比。由于 IASC 完成了与国际证券业联合会之间的协议，国际证券业联合会会将国际会计准则推荐给各国的证券监督机构，这意味着 IASC 在国际资本市场上将被更多的国家接受并采纳，IASC 具有充当全球会计准则制定者的潜力。如果欧盟选择利用国际会计准则，而不是自己制定会计准则或者继续通过会计指令来协调欧盟内部的会计，则可能取得如下收益：一是欧盟无须承担高额的准则制定成本，却获得了通向国际资本市场的会计通行证；二是欧盟在成员国内使用国际会计准则的转型成本更低。国际会计准则以原则为基础，与当时欧盟指令之间并没有重要冲突，可以降低转型期成本。并且国际会计准则已经综合了多个国家的特点，可比更好的实现会计信息质量的"可比性"的要求。

世界主要国家的会计准则国际化将导致如下结果：第一，原有的多种会计信息质量特征体系并存的格局将会被一套质量特征体系所取代，即联合概念框架中确定的质量特征体系；第二，随着主要国家参与国际会计准则的制定，尤其是美国与国际会计准则委员会联合开发国际会计准则，必将提高国际会计准则的质量，从而提高世界范围内会计信息的质量。同时，可以得出会计准则国际趋同首要追求的是会计信息的可比性和相关性，而非可靠性（真实性）。原因一是财务报告的目标是提供有关会计实体的财务资料给现有和潜在的投资者、债权人和其他会计信息使用者帮助他们做出投资决定。不同公司的财务报告"可比性"对做出更明智的资本配置决策至关重要。通用会计准则供给主体的垄断性，有利于带来规模经济效益，同时增强会计信息的可比性。具有代表性的是德国奔驰在美国上市案例，1993 年德国奔驰汽车公司准备在美国证券市场上市，在德国会计准则下公司盈利 1.68 亿美元, 而在美国公认会计原则下公司却是 10 美元的亏损。哪个数据更加真实, 更能反映企业的真实经营状况, 无从判断。最终, 奔驰公司被迫放弃在美国上市。这个案例验证了按照不同会计准则编制的会计报表由于缺乏"可比性"会影响全球资本市场的发展。二是真实性很难判断。因为某一特定会计准则下产生的会计信息是否真实很难判断, 如下表所示, 在采用本国会计准则和美国公认会计原则下的利润是不相同的, 有的甚至差别很大, 无法断定采用哪个会计准则得出的会计数据更真实, 上述分析中的数据也说明了这一点。

表 3-2　不同公司在不同会计准则下利润的差异

公司	本国准则	国际会计准则
挪威某公司 Norsk Hydro	167	1763
德国某公司 Daimler-Benz	615	−1839
瑞典某公司 Ericsson	886	1551
英国某公司 Cadbury Schweppes	176	131
澳大利亚某公司 News Corp	502	241

上表资料说明, 同一公司, 若以美国的公认会计原则重新计算其收益, 与按其本国会计标准计算的收益相比, 除英国与之差异不大外, 在其他国家, 两者的差异都很大, 尤其是挪威和德国, 两者差异非常之大。但它能说明按美国公认会计原则计算的收益就符合会计信息质量要求、更加真实, 而按其本国会计标准计算的收益就不符合会计信息质量要求吗? 我们无法找到合理的证据。

会计准则的国际趋同对会计信息质量会产生实质影响, 总体而言能够提高会计信息质量。首先, 是提高会计信息的可理解性; 其次, 是提高会计信息的全球可比性; 再次是提高会计信息的相关性; 最后, 是提高会计信息的公允性。至于能否提高会计信息的真实性, 可能难以判断。从理论上说, 会计准则国际趋同能够提高会计信息的真实性。但由于真实性受多种因素影响, 并且有些会计信息是否真实本身就难以把握。会计准则的国际趋同是否会影响现实会计信息的真实性, 需要用科学的方法实证。

第四节　我国会计准则国际趋同背景下提升会计信息质量的建议

本节从我国会计准则国际趋同的现状入手,然后分析趋同对会计信息质量相关性和可靠性的影响后果。由于会计准则在提高会计信息质量方面,一套高质量的会计准则是必需的,但是高质量会计准则的有效执行也是关键,因此,本节从会计准则的制定和执行两个方面为我国会计准则的国际趋同提供简单建议。

一、我国会计准则国际趋同的现状

2006 年 2 月 15 日,财政部在对 16 项具体会计准则修改的基础上,又发布了 22 项具体会计准则,加上基本会计准则,共 39 项会计准则,形成了相对完整的会计准则体系。中国在制定和完善上述准则的过程中始终注重借鉴 IAS/IFRS,以上准则的制定和完善标志着中国会计准则与国际趋同更近一步。我国会计准则国际趋同进程如表 3-3 所示。我国财政部在 2013 年一年已经宣布 10 项重大改革的会计文件的,其中非常突出的特点是财政部关于企业会计准则的颁布中第三十九号 —— 公允价值计量的通知,第三十号 —— 财务报表的报告的通知,第三十三号 —— 合并财务报表的通知,第四十号 —— 合营安排的通知都是结合我国会计环境的实际情况,并明确表示借鉴国际财务报告准则。国际会计准则理事会承认了趋同后的我国新的企业会计准则,认为我国会计准则与国际会计准则实现了实质趋同。

表 3-3　我国会计准则国际趋同进程

阶段	时间	内容
准备阶段	1978—1992	开始研究西方会计准则和国际会计准则
	1992.11.30	发布《企业会计准则》,第一个与国际会计惯例相协调的会计准则
	1997.06.04	财政部正式颁布第一个具体会计准则《关联方关系及其交易的披露》
广泛借鉴阶段	1997—2001	先后颁布债务重组会计差错更正非货交易无形资产等 16 项具体会计准则
	2001—2005	渐进式会计准则国际化制定策略,发布 38 项具体会计准则的征求意见稿
	2006	正式发布新《企业会计准则》,形成较为完善的会计准则体系
全面等效趋同	2006 年以后	我国会计准则全面等效趋同

然而,对于不适用中国实际情况的某些具体的国际财务报告准则,我们采用"暂时性"

的处理方法。比如虽然都是国有企业但是相互之间没有投资关系，我国会计准则规定不将符合此类条件的企业认定为是关联方，IASB 也认同了我们的做法，并且参考我国的做法进行修改，同时这也体现了"趋同"双向互动的原则。

二、我国会计准则国际趋同的影响的理论分析

（一）新会计准则提升了会计信息相关性的地位

为了让会计信息使用者更加容易理解、掌握和预测企业的经营活动成果、财务状况以及未来的现金流量等会计信息以及生成的会计信息更加符合企业自身需要与利益的决策，新准则扩大了信息披露的范围。例如在资产相关信息的披露上，一是增加了资产类应单独列报的项目，如交易性金融资产、权益法核算的投资、可供出售金融资产、投资性房地产、递延所得税等；二是增加了负债类交易性金融负债，递延所得税负债项目地披露，如在合并报表中，将少数股东权益作为权益性项目列示。在有关利润表信息的披露上，一是进一步明细了营业外收支的有关内容，取消了"营业收入、营业支出"科目，代之以按大项目列报，如计提的资产减值准备、非流动性资产处置损益。这样做的好处是细化了营业外收支的结构与构成情况，易于信息使用者识别其来龙去脉，通过分析、预测做出更为有效的决策行为；二是新准则更加突出了收入与费用两项会计要素对企业利润的影响。准则将利润表述为"包括收入减去费用后的净额、直接计入当期利润的利得和损失等"。换句话说，企业收益包含两个部分即收入和利得。这种描述的变化要求，企业在披露自身利润增加或减少时，不仅要从收入与费用上去寻找原因，而且还应从利得与损失的构成方面，即按照大项目列报披露相关情况。显然，这将使信息使用者获得更为全面的会计信息，进一步提高财务报表的价值。

（二）会计准则国际趋同给可靠性带来的不利影响

一味追求与国际会准则形式上的可比性可能并不符合我国的会计环境，将会给我国带来严重的负面经济后果，所以下面将在主要分析会计准则国际趋同给会计信息的可靠性带来的小利影响。

（1）公允价值的引入。由于公允价值计量比历史成本计量更能反映企业资产的实际价值和企业的经营现实情况，从而在相关性方面可以提高会计信息的质量，但是在现阶段目前的经济环境中对会计信息质量表现的更多的是负面影响。其主要体现在以下两个方面。首先，由于公允价值引起的浮盈、浮亏降低了会计信息的可靠性。根据企业会计准则的要求，上市公司利润表中要单独设置"公允价值变动损益"项目，用于核算采用公允价值计量模式的投资性房地产和交易性金融资产等资产的公允价值变动对上市公司损益的影

响。以交易性金融资产为例来说明，当持有交易性金融资产期间市场利好时，交易性金融资产价格上升，一方面需要调增交易性金融资产的账面余额，一方面要确认价格上升的收益计入当期损益，当市场下跌时调减交易性金融资产的账面余额，一方面要将价格的下降的损失计入当期损益。然而，确认的持有期间的上升收益只是一种浮盈，确认的持有期间的下跌损失只是一种浮亏，这些收益或损失都是潜在的，企业在未来可能会实现的，只有当这些资产被企业处置时才能真正实现，很明显这给会计信息的质量带来不利影响：一是有违"谨慎性"的要求，将浮盈这种不确定的收益计入利润表中，高估了金融资产的价值和企业的收益，低估了风险；二是有违"可靠性"的要求，将浮盈浮亏计入当期损益，必然会高估或低估资产的价值，同时抬高或削低企业的正常利润，必然会降低会计信息的可靠性。其次，公允价值确定的随意性损害了会计信息的可靠性和可比性。企业会计准则规定企业应当根据不同情形分别采用同类资产活跃市场报价、类似资产活跃市场报价和估值技术等确定公允价值。从企业会计准则执行了几年的情况来看，部分上市公司公允价值的确定存在随意性，其确定依据和确定方法不够可靠和公允，主要表现在一是投资性房地产后续计量采用公允价值模式的上市公司中，一方面，部分上市公司未能详细地披露公允价值的确定依据以及确定方法，致使公允价值可靠性无法判断；另一方面，即使披露了确定依据和确定方法，但各公司采用的依据与方法形式各不相同，且相当一部分采用了估值技术，对其可靠性和公允性判断难度加大。二是部分上市公司在披露所持金融工具的分类情况时，只是照搬了企业会计准则的原文规定，没有反映公司自身的金融工具意图和特点，影响金融工具公允价值确定的可靠性。三是采用股票期权作为股份支付的上市公司在使用期权定价模型对股票期权进行定价时，大多数公司对模型的选择依据和具体参数没有充分说明，主观因素对公允价值的影响较大。四是非同一控制下的企业合并中，购买方支付的合并对价的公允价值和被购买方净资产公允价值的确定，尤其是以发行股份为对价的企业合并中公允价值的确定都缺乏可靠的依据。五是各类金融工具公允价值确定的三个层次的应用和披露不规范。甚至在执行过程中，对于同一交易事项的公允价值，有的上市公司按活跃市场报价确定、有的按照交易双方协议价格确定、有的按照评估价格确定，必然造成会计信息的不可比。

（2）以原则为导向的制定模式。为实现与国际财务报告准则的趋同，我国企业会计准则的制定采用了原则导向模式，其显著特征是要求企业根据会计准则规定的原则结合实际情况做出职业判断。目前会计准则中收入确认、资产减值、预计负债、债务重组、企业合并、公允价值计量等都涉及职业判断，但我国会计人员的职业判断能力普遍较低，对会计准则的一些原则性规定不能准确把握。会计准则执行过程中公允价值的确定之所以会出现前述种种问题,重要原因是公允价值的确定需要职业判断,而目前会计人员难以做出合理的判断,导致在实务计信息的可比性和可靠性中难于操作,成为一大难题,一是公允价值不易取得。二是以同类或类似资产市场价值为基础确认的公允价值难于确定其修正参数。三是目前仍有很多资产需要采用估值技术确定公允价值,但如何选择估值模型和相关参数假设等,新会计准则没有提供详细指导,存在较大的人为因素。又如固定资产折旧方法、确定使用寿命、预计净残值均需要运用职业判断,但在执行中上市公司往往没有如实反映实际情况,而是出于不同考虑随意选择折旧方法、确定使用寿命和预计净残值。部分具体准则缺乏可理解性损害了会计信息的可比性。仅当会计准则的内容容易被理解时,才能全面保证高质量会计信息的产生。

（3）部分具体准则缺乏可理解性。仅当会计准则的内容容易被理解时,才能全面保证高质量会计信息的产生。首先,会计准则的语言表述必须简洁、明确,在不影响科学性的前提下尽量通俗易懂,不能含糊不清;其次,语言表达要本土化,适应我国的语言习惯。然而,为实现国际趋同,且制定准则的时间较为仓促,有些全新出台的准则如《金融工具确认和计量》《金融资产转移》《套期保值》等,内容往往参照相应的国际会计准则直译过来,一些条款句子过长,文字晦涩难懂,再加上有些经济业务在我国并不普及,导致会计准则执行者难于理解,也就无从在实务中正确运用,这也是我国要实现趋同道路上不可忽视的环节。

三、相关建议

由于我国会计准则在修订程序上与国际先进国家特别是美国还有很大的区别,所以要想制定高质量的会计准则完善准则的修订程序是必要的。由于我国还没有完整的会计准则制定的概念框架,基于概念框架的重要性,在会计改革的过程中借鉴先进经验完善会计准则制定的概念框架尤为重要。结合我国会计准则的执行的现状,提供关于我国会计改革进程的相关建议如下。

（一）坚持趋同,积极参与

我们应当及时把握国际会计行业的新动向,增进国际社会对我国会计准则国际化进程的了解,扩大我国在国际会计准则制定过程中的影响力和发言权,争取拥有更重要的地位。应该做到主动参与,积极借鉴。中国会计准则的国际化不只是单方面地对国际会计准则趋同或采用,还要主动参与到国际会计准则的制定工作中去,开拓中国会计准则的国际空间。应抓住机遇,与其他国家,特别是广大发展中国家进行深入交流、沟通,并就有关问题达成共识以获得广大发展中国家的支持,逐步改变国际会计准则制定中的经济实力格局。此外还应该根据国情，求同存异。正确地处理中国特色与会计准则国际化的关系，在中国会计准则的建设过程中，必须坚持以服务中国特色社会主义经济建设为前提，在学习国际先进的会计理论和方法的同时，充分考虑中国的具体国情，不能完全照搬，有必要保持中国会计准则具有"中国特色"这一特点。

（二）修订程序

只有公开、公正、透明的制定程序才能保证会计准则的高质量。我国会计准则的制定程序公开性与广泛性都较差，与我国的制定程序相比，美国财务会计准则委员会和国际会计准则理事会的准则制定程序公开程度较高，几乎每个阶段都会进行公开的意见征集，这样的一种全过程信息公开机制使准则制定过程更具有可信性，同时它还使各相关利益团体在正式的准则出台之前提出各自的意见和建议，帮助扩充准则制定过程中的信息容量，使准则制定有了更广阔的现实基础。为了制定出高质量的会计准则，应该增强会计准则制定程序的公开性、公正性与透明度。为此，应注重以下两方面：（1）征询意见的广泛性。在制定过程中应充分倾听各有关方面的意见。我国制定程序中征求意见的范围、深度、广度应扩大，应由职业界、学术界、政府部门扩展到企业界、金融界，并征求有利害关系的上市公司、注册会计师和董事的意见。（2）征询意见反馈的规范化。为了使所制定的会计准则具有科学性、合理性和可行性，对征询到的意见的处理应程序化、规范化、公开化。应将征求意见稿的反馈情况进行整理，汇总后形成文字材料，予以公布，以获取进一步的意见。应当把所讨论的问题，可供选择的解决办法，赞成和反对的意见及其理由客观地进行陈述。在反馈意见的基础上，就草案进行及时的修改，并反复多次征求意见，而后再行颁布。在形式上充分利用发达的现代互联网技术，事前公布议题，讨论结束后迅速发表相关公告，增加准则制定的透明度。

（三）制定概念框架

作为指导具体会计准则的基础，财务会计概念框架应对财务会计核算与报告所涉及的基本问题进行详细具体阐述，如财务报表目标、财务报表的质量特征、财务报表要素与财务报表要素的确认与计量等。然而，与财务会计概念框架相比，我国基本会计准则的内容过于简单，理论深度不够。基本会计准则对这些问题只作了简单化处理，行文上完全采取了一般法规的行文方式，注重的是通俗易懂，而忽视了科学性和逻辑性，从而缺乏适应于不同时期、不同情况的能力，难以成为指导各项具体会计业务的基础，更难以成为制定具体会计准则的理论依据。因此，从某种程度上说，基本准则更像是具体准则的归纳和概括，在具体会计准则的制定过程中，基本准则并未真正发挥其概念框架的理论指导作用，在理论上未对具体会计准则进行指导和解释，应有的功能未能得到充分发挥，由此造成基本会计准则功能乏力。我国会计准则制定的概念框架应充分考虑我国未来经济发展的趋势，充分借鉴发达国家的最新理论成果，在理论上具有一定的前瞻性而不完全拘泥于目前的现实情况。我国在构建会计概念框架时，应重视会计环境，在重视会计环境的基础上建立会计目标，并作为框架的逻辑起点，从而建立会计准则理论框架来评价指导具体会计准则。

（四）注重执行

会计准则制定质量只是为规范会计核算提供了前提条件，其作用的发挥则有赖于会计准则的实施情况。会计准则的实施质量是保证，没有较高素质的准则使用者的有效贯彻执行，以及必要的监督管理，高质量的会计准则的作用就得不到有效发挥。所以，加快与会计准则趋同相配套的其他基础制度的建立与健全，如法律、资本市场制度及监管，使会计准则在中国制度环境下更加有效的执行。加快国有企业改革，建立产权明晰、公司治理完善的现代企业制度，矫正会计信息失真的制度缺陷，使会计信息在资源配置中发挥更重要的作用。注重道德因素在会计准则执行中的重要作用，普遍提高中国公民的教育水平，提高企业经营者、执业会计师以及信息使用者的道德水平。提高社会诚信，这对从根本上提高会计信息质量起着非常重要的作用。会计准则国际趋同对我国会计人员的知识结构、职业素质、工作技能提出了更高的要求。从我国目前会计人员队伍现状来看，目前尚缺乏通晓国际会计准则和国际惯例的高素质人才，整个会计队伍的素质也参差不齐，加上近年来会计准则和制度的变化速度较快，会计人员来不及消化和吸收这些新知识，以致在理解国际会计准则方面存在一些困难。因此，国家应该建立完善的会计人员培训制度，全面提高会计人员的素质，要积极培养既了解我国国情又熟悉国际会计准则、具有较高专业素质、职业操守和广阔国际视野的高级会计人才，建立高素质的会计队伍。

综上所述，分析我国会计准则国际趋同的现状发现我国新企业会计准则基本与国际会计准则实现了实质上的趋同；会计准则国际趋同在提高我国会计信息质量相关性的同时，由于一些新方法和原则的引入对会计信息质量的可靠性产生了一定的不利影响；关于会计准则在提高会计信息质量方面，一套高质量的会计准则是必需的，但是高质量会计准则的有效执行也是关键，因此，在会计准则国际趋同的进程中，我国应该积极争取国际会计准则的指定权，同时加强与会计准则趋同相配套的其他基础制度的建立与健全。

第四章　我国会计准则国际趋同对企业股权融资成本的影响

第一节　我国企业融资成本研究现状

自 Modigliani 和 Miller 提出 MM 理论以来,财务学就开始对企业资本成本进行研究。由于企业融资成本的重要性和复杂性,至今依然是学术研究的重点对象。从公司内部治理来看,董事会规模、管理层价值观、高管薪酬、公司内部审计等因素会对企业融资成本产生干扰;从公司外部因素来看,外部信息披露环境、法律环境、政治环境等因素会影响企业融资成本。该部分主要从影响公司融资成本的内外部因素来分析现有文献研究现状。

一、基于公司内部治理角度研究企业融资成本

Drobetz 等以德国公司作为研究对象,以股息生息率和市盈率来衡量企业股权融资成本,通过研究股权收益与公司治理成本之间的关系,最终发现,治理水平良好的公司其股权融资成本也就相对较低。Ashbaugh 以美国 2001 和 2002 年公司治理数据为研究样本,以所有权性质、董事会特征和企业财务信息透明度来衡量公司治理水平,也得出相同的研究结论。Cheng 等研究发现较完善的股权机制和较高的财务信息披露质量可以降低企业股权融资成本。

Shleifer 和 Vishney 指出良好的公司治理状况向外界传递出较低代理问题的信息,由此债权人和管理层的信息不对称能够得到缓和,从而能够达到降低企业债务融资成本的目的。Bhojraj 和 Sengupta 以工业企业发行公司债券为研究样本,通过研究机构投资者持股比例和董事会独立性对企业债券融资成本的影响,最终发现二者均会对企业债务融资成本产生显著的影响,并且机构投资者控股比例和董事会独立性较高的公司拥有较低的债券发行成本。这是由于公司治理机制越完善,意味着公司管理者与债权人之间的信息交流越有效,这样能够有效降低管理者与债权人之间的信息不对称程度,进而降低企业面临的较低的债务违约行为,因而债券融资成本也会相对较低。在进一步研究中,Anderson

发现董事会和审计委员会规模越大的公司，其提供的年度绩效也相对较好，其提供的财务报表信息透明度也就越高，这样也能够降低企业债务融资成本。Pittman 和 Fortin 通过研究美国六大事务所提供审计的公司财务报表，发现这些公司的审计质量会更高，这样就提高了公司财务报告的可靠性和可信任度，从债权人角度上来讲，能够降低其监督成本和债务违约风险，从而能够降低公司债务融资成本。

基于中国资本市场，较多的学者从公司治理角度出来，来研究影响企业股权融资成本的相关因素。沈艺峰等以 1993-2001 年中国进行股权再融资的上市公司为研究样本，通过时间序列法研究中小投资者法律保护与股权融资成本之间的关系，在对宏观经济状况和公司特征进行控制后发现二者之间负相关。也就是说公司外部法律环境越健全，法律制度越完善，企业融资成本也就越低，这一点说明健全外部环境法律对于公司融资成本的重要性。曾颖、陆正飞以会计信息质量和企业股权融资成本为研究对象，通过使用剩余收益模型计算企业股权融资成本，分别使用总体披露质量和盈余披露质量作为公司信息披露质量的代理变量。研究发现，较高的会计信息披露质量能够降低公司边际股权融资成本，从而证明了高质量的会计信息披露有利于降低企业股权融资成本。姜付秀等通过问卷调查的方式得到投资者利益保护指数，研究发现投资者利益保护指数与股权融资成本之间显著负相关。这一点也说明了公司外部治理环境对企业融资成本有着重要的影响。投资者的利益得到的保证越多，越有利于企业降低融资成本，提高融资效率。同时，也有学者研究发现鼓励激励很有可能会增加企业高管的机会主义行为，从而会造成企业股权融资成本的上升（周嘉南、雷霆；雷霆、周嘉南；雷霆、李小荣、董红晔）。

通过对研究股权融资成本的文献进行整理，发现关于公司治理的研究角度主要从股权结构、董事会特征、股权激励和信息披露质量等方面进行开展，并且企业治理水平越完善，企业股权融资成本也就会越低，说明企业治理水平与企业股权融资成本正相关。公司外部治理因素主要从外部环境对投资者利益的保护程度，法律的健全程度等方面进行研究。这些因素都是影响企业融资成本的关键因素，对这些影响因素的研究能够有效提高企业融资效率，提升社会资源的分配效率。

二、基于会计信息质量角度研究企业融资成本

自 Fama 有效市场假说提出以来，资本市场信息不对称问题就一直是经济学家重点关注的问题。随着学者们研究的深入与研究方法的多样化，信息不对称的理论模型和分析方法也被广泛应用于金融市场的各个领域。在资本市场，信息拥有方与信息需求方之间的信息不对称问题一直是学者广泛关注的热点问题。在企业进行外部融资的过程中，

企业内部管理者拥有更多的信息,而外部投资者则处于信息劣势地位。当资金持有者向企业投资时,由于这种信息掌握程度差异的存在,投资者往往会被"好消息"蒙蔽或者无法区别企业好坏,只能够通过公司披露的信息进行判断,这样就可能会导致低估资本市场高价值的企业和高估资本市场低价值的企业。同时,由于企业家和投资者的目标不同,当投资者投资企业后,管理者不可能完全按照投资者利益最大化进行决策,由此产生管理者与投资者的代理冲突问题,因此,信息不对称问题和代理冲突会阻碍资本市场资源的有效配置,也会由此影响企业融资成本。而提高会计信息披露质量则可以缓解这种信息不对称和代理冲突。

Bushman 和 Smith 认为公司通过披露财务会计信息来降低资本成本进而提高企业业绩主要有三个途径:首先,上市公司进行会计信息披露会帮助管理者和投资者对企业经营状况进行客观的分析,对投资风险预期有更清晰的认识,从而降低企业资本成本;其次,企业会计信息反映了公司的经营状况和管理者治理能力,良好的企业会计信息质量能够帮助管理者和投资人选择更好的项目,同时对管理者的财富掠夺行为进行约束,从而降低投资者面量的潜在风险,也会降低管理者因为违约而造成的风险溢价,最终实现降低资本成本的目的;最后,较高质量的企业会计信息披露能够降低逆向选择问题,降低投资者面临的流动性风险,从而达到降低企业资本成本的目的。

关于会计信息质量与企业股权融资成本之间的关系,汪炜、蒋高峰,曾颖、陆正飞,胡海川、张心灵,宴艳阳、周至分别基于会计信息质量的不同角度,进行实证分析,均用强有力的实证研究结论证实了二者之间的显著关系。黎明、龚庆云研究发现会计信息质量与股票流动性正相关,与权益融资成本负相关。李敏、张志强以 1998—2012 年沪深 A 股上市公司的平衡面板数据为研究样本,实证分析会计制度变迁背景下会计信息质量变化对股权融资成本和债务融资成本的影响以及二者影响的差异,研究发现会计信息与融资成本反向相关,并且对权益融资成本的影响更加明显。郭桂花以 2001—2011 年我国上市公司经验数据为研究样本,借鉴 Kaplan 和 Zingales 经典回归模型的思想,研究了市场化进程、会计信息质量对融资约束的影响,最终结论表明加强市场化进程和提高信息质量能够缓和融资约束。

通过以上文献回顾,可以发现,企业会计信息质量与企业融资成本关系显著。无论是从股权融资成本还是债务融资成本角度来看,提高企业会计信息质量和披露水平,增加会计信息可信度,为投资人提供更加透明的会计信息,均是降低企业融资成本的有效途径。

第二节　代理冲突视角下会计准则国际趋同对企业股权融资成本的影响

委托代理问题在现代企业经营过程中不可避免，Jensen 和 Mecking 提出，委托代理关系从根本上来讲是委托人与代理人之间的一种契约关系。基于这种契约关系，委托人就必须赋予代理人一定的权利进行企业管理，而代理人的行为必须要追求股东利益最大化。但是，在企业实际经营管理过程中，往往会出现委托人与代理人利益追求不一致，导致委托人利益受损。除此之外，由于委托人和代理人对企业信息掌握的程度不一致，以及其他不可预测的风险等因素导致委托人和代理人之间的契约不完备，从而引发代理问题。

代理问题的核心表现在股东与管理者之间的代理冲突、大股东与小股东之间的代理冲突，而代理问题越严重的企业，财务风险越高，股权融资成本往往会越高。从企业内部来讲，可以通过企业股权结构的调整来缓解委托代理问题；从公司外部来讲，高质量的会计准则能够很好地缓和企业代理问题，因为会计准则的制定者能够客观公正地协调代理冲突各方利益。

因此，本节从代理冲突视角出发，通过实证检验会计准则国际趋同对企业股权融资成本的影响，来证明高质量的会计准则对企业代理冲突的缓和作用，并进一步研究了会计准则国际趋同对不同股权结构企业股权资本产生的影响。根据以上分析，研究思路如图4-1所示。

图 4-1　研究思路图

一、理论分析与研究假设

在会计准则制定和实施过程中双重体现对代理冲突的缓和作用。从会计准则的制定角度来看,在会计准则制定前,我国财政部通过向各省、各地方、各企业团体下发关于制定会计准则的征求意见,各经济团体会根据实际发生的经济业务对会计实务提出规范要求,专家学者以及会计准则制定部门会针对反馈意见进行会计准则制定工作。在这一过程中,政府会计准则制定部门作为代理人,各经济利益团体的会计信息规范需求方是会计准则制定的委托人。政府部门制定会计准则一方面要考虑到准则规范在实务操作中的指导作用,另一方面要考虑到一项会计实务操作产生的经济后果以及对社会资源配置以及社会价值产生的影响。会计准则制定后,在会计准则执行过程中,会计信息的需求方,包括投资人、企业所有者以及关注企业发展的相关人士均是委托人,而会计准则的执行者则是代理人。但在这一过程中会计信息需求者与执行者之间的代理冲突表现的就比较明显。委托人希望会计准则执行者能够完全按照会计准则规范来真实反应企业经营状况。但是代理人则希望能够借机将企业经营状况粉饰地更好,从而获得更多的个人利益。随着会计准则的国际趋同,对企业会计信息披露规范化要求的增加,要求会计工作人员更加透明地反应企业经营管理状况。在规则制度上减少经理人对企业财务状况的干预,从而为企业所有者提供一份更加客观公正翔实的财务报告,从而缓解企业面临的委托代理问题。

会计准则的制定尤其是更高质量的会计准则适当的缓和了企业股东与管理者的委托代理问题,以及大股东与中小股东的委托代理问题。一方面,新会计准则或者更高质量的会计准则通过信号传递,向资本市场传递我国会计信息质量提高、委托代理问题通过契约的方式得到有效缓和,企业管理者对新会计准则的执行能够真实反应企业经营状况,委托人能够及时准确的得到企业盈利和亏损情况,能够及时保证企业所有者的利益,使所有者做出更准确的判断和决策,降低所有者面临的潜在信息风险,从而降低企业所有者的风险回报率。另一方面,从契约角度来看,选择会计准则国际趋同,对企业管理者的经营管理能力和风险管理识别提出了更大的挑战,企业经营状况能够及时高质量的反馈给信息需求方。政府作为会计准则的缔结者,在考虑社会资源合理利用以及社会效用价值最大化的前提下,对企业管理者会计信息的制定提出更加规范化的要求,通过契约的形式有效缓和管理者和所有者之间的代理冲突。选择会计准则国际趋同实质上是对会计准则这种契约的有效升级。我国选择会计准则国际趋同,并且要求所有上市公司逐步开始实施新会计准则,这是对企业财务处理提出了新要求。并且通过多种途径向市场发出信号,能够为企业所有者和债权人提供更优质的会计信息和更真实地反映企业经营状况,从而更有利于股东和债权人做出合理决策,提升自身利益。

基于以上理论分析,从代理冲突视角出发,考虑新会计准则的实施是否会对企业代理冲突有缓和作用,从而降低企业股权融资成本,因此,提出假设2.1。

假设2.1:会计准则国际趋同能够降低企业股权融资成本。

自企业管理出现两权分离以来,股权结构与代理成本一直是企业管理研究的重点问题。从代理理论的两个层面来看,第一类的代理冲突来源于股东与管理者之间的利益不一致,第二类的代理冲突来源于大股东对中小股东的利益"啄食"。为了缓和第一类代理冲突,可以通过增加具有话语权的股东来加强对管理者的监督,一方面可以使管理者的管理决策和管理结果更加客观公正地体现,另一方面能够对管理者产生努力工作、追求绩效的工作压力,从而使股东的追求的利益得以保证。也可以通过对管理者进行股权激励,使管理者和股东追求目标一致,从而刺激管理者努力工作。但是这两种解决股东与管理者之间的代理冲突方式往往会稀释大股东的绝对控股权,降低大股东的剩余财富收益是大股东不愿意接受的。然而,在股权集中度比较高的企业中,大股东拥有绝对话语权,并且大股东能够较好地控制和监督管理者,但是这样的企业容易出现"一股独大"的问题,尤其是当大股东拥有绝对控制权,大股东的权力得不到制衡,大股东和管理者容易利用自身的绝对权优势和信息优势合谋,从而侵害中小股东的利益,这也就引发了企业管理过程中的第二类代理冲突。

由于我国市场经济处于快速发展的上升期,企业的快速发展对于资金的需求也会随之增长。在我国资本市场,由于股权融资成本较低,企业融资面临较低的门槛,以及目前我国股票市场价格上涨空间大,市场参与者对于当前经济利益的追求,对于股票市场的追求往往是非理性的,因此企业在进行股权融资的时候吸引了大量的中小股东。但是在股权集中度高的企业,中小股东为了进行风险规避,往往会通过加大对股票的风险溢价来保证投资回报,从而增加了企业股权融资成本。然而在股权集中度较分散的企业,由于各股东之间形成了良好的权力制衡,中小股东的利益不会被大股东严重侵害,即便如此,由于各股东之间利益均等,中小股东往往会存在"搭便车"的行为,从而造成对股东对管理者的监督缺位,因此会增加企业代理成本,这样也不符合股东利益最大化的追求目标。

在这样的代理冲突下,股东就需要政府介入,通过法律规定来对企业管理者进行有效的监督,虽然这样与股东利益最大化有矛盾冲突,但是至少这样可以保证股东的利益不会受损。因此,股东和管理者接收政府制定的会计准则,并且在政府的监督下保证新会计准则的严格执行,从而为股东需要的企业经营信息提供保证,是股东能够及时获得企业经营最正式可靠的信息,及时做出合理的决策。由于在股权集中程度较高的企业,股东的目标和精力比较集中，能够及时监督到管理者的经营状况。而在股权集中程度分散的企业，高质量更严格的企业会计准则能够弥补股东对管理者的监督缺位。因此，提出假设2.2。

假设2.2：会计准则国际趋同对不同股权结构的股权融资成本影响不同，对于股权分散企业的股权融资成本影响更大。

二、研究设计与数据来源

（一）模型设计与变量选择

1.模型设计

为了检验假设2.1，首先考虑会计准则国际趋同对企业股权融资成本的影响，使用会计准则国际趋同事件哑变量作为主要解释变量，并且按照证监会公布的行业分类标准对行业进行控制，使用最小二乘法构建模型3.1：

$$Costequity = a_0 + a_1 CAS + a_2 Size + a_3 BM + a_4 Tat + a_5 Hsl + a_6 Lev + \sum Indu + \varepsilon \quad （模型3.1）$$

2.变量定义

（1）股权融资成本。根据现有的研究表明公司股权融资成本主要包括显性成本（即企业融资的资本成本，包括筹资费用和资金占用费用）和隐性成本（包括代理成本、寻租成本、有效市场下信息不对称成本、机会成本、股权稀释成本等）。关于股权融资成本的度量还未完全统一，但对我国学者大都是借鉴国外成熟的资本市场度量方式对我国股权融资成本进行度量，常见的主要有在借鉴 Gcbhardt、Lee 和 Swaminathan 多元回归基础上的剩余收益模型，曾颖和陆正飞；蒋琰和陆正飞；王生年和徐亚飞；徐向艺、方政；叶陈刚等则使用数据获得性强、易于计算的 OJN 经济增长模型来计算股权融资成本；邱玉莲、张雯雯；李争光等则使用传统的 CAPM 模型计算股权融资成本，以上股权融资成本各有优劣，分别从事后和事前两个不同方面估算股权融资成本，由于剩余收益模型需要使用至少十二期的预测期间，而需要考虑会计准则国际趋同时间因素，所以，本书使用传统的资本资产定价模型 CAPM 来衡量企业股权融资成本，本书借鉴李敏、张志强公式如下

$$r = R_f + \beta \times (R_m - R_f)$$

其中，R_f 表示无风险报酬率，使用10年期国债的年收益率来代替；β 未上市公司的系统风险系数；R_m 表示股票市场年收益率，本书选用考虑现金红利再投资的综合年市场回报率（等权平均法）。

（2）控制变量。本书选取对企业股权融资成本产生显著影响的公司治理因素作为控制变量，主要有公司规模（Size）、账面市值比（BM）、资金周转率（Tat）、换手率（Hsl）、负债率（Lev）以及行业控制变量（Indu），具体变量分析见表4-1。

表 4-1 变量定义表

变量符号	变量名称	变量计算
Costequity CAS	股权融资成本会计准则国际趋同	资本资产定价模型进行估计会计准则国际趋同事件哑变量，2006 年及以前取值为 0，2007 年及以后取值为 1
Size	公司规模	Ln（资产总额）
BM	账面市值比	资产总额 / 市场价值
Tat	资产周转率	营业收入 / 资产总额
Hsl	换手率	股票年交易量 / 流通股总股数
Lev	资产负债率	负债总额 / 资产总额
Indu	行业虚拟变量	按照中国证监会发布的行业分类标准

（二）样本选择与数据来源

本书研究数据主要采用非均衡面板数据，样本主要财务数据来自于国泰安信息技术有限公司开发的 CSMAR 数据库，上市公司 Beta 值及股票换手率数据来自于 Resset 数据库，上市公司第一大股东持股比例数据和行业分类来自 CCER 数据库。选取 2003—2016 年全部 A 股上市公司作为研究样本，为确保数据的有效性，本书按照下列标准对样本进行了筛选：（1）考虑到保险金融行业的特殊性，最终按照证监会公布的企业行业分类原则，在样本中剔除金融保险类上市公司；（2）剔除所有 ST、PT 的上市公司；（3）剔除数据不可获得的上市公司；（4）删除计算得出股权融资成本为负的数据。最终得到了 11 524 个财务数据，作为研究样本，其中股权集中型企业样本 2 336 个，股权分散型企业样本 9 188 个。所有上市公司数据均通过 Excel2007 完成数据整理，并使用 Stata12.0 做描述性统计和回归检验。

三、实证检验结果与分析

（一）描述性统计

根据现有文献对股权结构和企业股权融资成本影响的文献，将第一大股东持股比例大于等于 50% 的企业视作股权集中型，将第一大股东持股比例小于 50% 的企业视作股权分散型。如表 4-2 所示给出了股权融资成本相关变量的描述性统计结果，为了排除极端异常值对研究结果的影响，将所有变量进行了 Winsorize 作了 1% 水平的缩尾处理。从表 4-2 中可以看出，全样本中股权融资成本的均值为 0.669 0，标准差为 0.654 3，中位数为 0.413 0，说明样本中股权融资成本这一指标的总体分布比较均匀。因此，该变量样本分布总体上比较均匀。

此外，表4-2对全样本、股权集中型和股权分散型企业股权融资成本分别做了描述性统计，可以看出，在选择的样本企业中，股权分散型企业样本大约占据了总样本数量的80%，并且通过缩尾处理后的样本描述性统计结果显示，股权集中型企业股权融资成本要高于股权分散型企业。

表4-2　股权融资成本样本总体描述性统计

变量	分组	样本数	均值	标准差	中位数	最小值	最大值
Costequity	全样本	11524	0.669 0	0.654 3	0.413 0	0.046 3	2.552 8
	股权集中型	2336	0.678 5	0.652 9	0.443 3	0.046 4	2.561 2
	股权分散型	9188	0.666 4	0.654 7	0.423 6	0.045 4	2.552 8
Size		11524	21.9027	21.156 5	21.788 4	19.525 2	25.205 0
BM		11524	0.885 2	0.835 4	0.611 5	0.088 5	4.764 8
Tat		11524	0.671 5	0.466 7	0.561 6	0.066 3	2.594 2
Hsl		11524	488.980 2	429.490 3	323.943 8	36.048 5	1865.6
Lev		11524	0.4683 5	0.204 1	0.475 1	0.058 6	0.900 3

（二）相关性分析

如表4-3所示给出了变量之间的相关性检验结果，从检验结果来看，解释变量会计准则国际趋同与股权融资成本相关系数为-0.1379且显著负相关，说明会计准则国际趋同能够降低股权融资成本，初步验证了假设2.1。从各变量相关性检验来看，各变量之间相对比较独立，不存在明显的多重共线性问题。

表4-3　股权融资成本变量相关性检验

	Costequity	*CAS*	*Size*	*BM*	*Tat*	*Hsl*	*Lev*
Costequity	1						
CAS	-0.1379**	1					
Size	-0.0853***	0.1323***	1				
BM	-0.1568***	-0.1298***	0.5529***	1			
Tat	0.0379***	-0.0409***	0.0398**	-0.0088	1		
Hsl	0.4786***	-0.0976***	-0.3024***	-0.2912***	0.0276**	1	
Lev	0.0459***	-0.0443***	0.4662***	0.1016…	0.0943***	-0.0162*	1

注：表中为 Pearson 相关系数值，***、**、* 分别表示在 1%、5% 和 10% 的置信水平上通过显著性检验。

（三）模型回归结果分析

如表 4-4 所示为实证检验结果。从表 4-4 回归结果可以看出，不论是全样本还是分样本，会计准则国际趋同与企业股权融资成本均显著负相关，说明新会计准则的实施，显著降低了企业股权融资成本，这一研究结论验证了假设 2.1。

并且从三组样本的回归结果来看，会计准则国际趋同对股权分散型企业股权融资成本的负向影响系数绝对值最大，也就是说，会计准则国际趋同对股权分散型企业股权融资成本产生了较大的影响，这一结论与假设 2.2 相吻合。

表 4-4　股权融资成本变量回归结果

项目	全样本	股权集中型	股权分散型
常数项	（−2.0355） 0.000***	（−1.7774） 0.000***	（−2.1078） 0.000***
CAS	（−0.2970） 0.000***	（−0.2490） 0.000***	（−0.3133） 000***
Size	（0.1145） 0.000***	（0.0989） 0.000***	（0.1190） 0.000***
BM	（−0.1998） 0.000***	（−0.1676） 0.000***	（−0.2179） 0.000***
Tat	（−0.01926） 0.090*	（−0.0352） 0.144	（−0.0184） 0.156
Hsl	（0.0008） 0.000***	（0.0008） 0.000***	（0.0008） 0.000***
Lev	（0.3423） 0.000***	（0.3986） 0.000***	（0.3402） 0.000***
行业	控制	控制	控制
F 值	281.25	59.27	228.01
R2	0.3597	0.3498	0.3640

注：括号内为相关系数值，***、**、* 分别表示在 1%、5% 和 10% 的水平上通过显著性检验。

其余解释变量回归结果主要解释了企业治理因素对企业股权融资成本的影响。从回顾结果来看，企业规模（Size）与股权融资成本显著正相关，这是由于公司规模越大的企业，股权投资人对企业的期望收益也就越高，也有可能是因为中国股票市场的"小股盘"效应导致大规模公司的股票价值被低估，而增加大规模公司股权融资成本。企业账面市值比（BM）与企业股权融资成本负相关，也就是说企业账面市值比越高，企业股权融资成本越低，说明在我国股票市场上账面市值比较高的公司股票价值往往也会被高估，或者是由于投资人认为账面市值比较高的企业面临较小的系统风险，因此融资成本就会较低。资产周转率（Tat）可以看作是企业经营效率的代表，从整体样本上来看，资产周转率与股权融资成本显著负相关,也就是经营效率越高的企业股权融资成本也越低,这与实际情况相吻合,企业资产周转率越高意味着企业经营状况越好,能够吸引到更多的投资人,从而降低企业股权融资成本。股票换手率(Hsl)与企业股权融资成本显著正相关,说明股票流动性越高可能会存在较高的风险,因此股票融资成本也会较高。企业负债率(Lev)与股权融资成本显著正相关,在投资人看来负债类较高的企业往往会有更高的财务风险,投资人会要求有更高的风险补偿,因此股权融资成本也就越高。

四、稳健型检验

模型 3.1 回归结果初步检验了会计准则国际趋同事件对企业股权融资成本的影响,出于谨慎性考虑,本书使用了方差膨胀因子(VIF)值检验的方式对模型 3.1 进行了稳健性检验,如表 4-5 所示给出了计量模型稳健性检验结果发现,各个变量的 VIF 值控制在 1~3 之间,说明模型 3.1 中各个变量之间的方差膨胀因子并不大,表明该模型不存在严重的多重共线性问题。

表 4-5　模型稳健性检验结果

项目	全样本	股权集中型	股权分散型
均值	2.43	2.76	2.38
CAS	1.11	1.06	1.14
Size	1.87	1.89	1.88
BM	1.98	2.01	2.01
Tat	1.18	1.26	1.17
Hsl	1.22	1.22	1.22
Lev	1.62	1.82	1.61

综上,本节基于委托代理理论,实证分析了会计准则国际趋同对企业股权融资成本的影响,并且通过不同股权结构企业的分组讨论,检验了会计准则国际趋同对股权集中型和股权分散型企业股权融资成本的影响差异,最终研究结果发现,会计准则国际趋同能够降低企业股权融资成本,并且对股权分散型企业股权融资成本的影响更大,并且研究结果通过稳健性检验。

第三节　信息不对称视角下会计准则国际趋同对企业股权融资成本的影响

Akerlof 认为由于市场上进行交易的双方对信息掌握程度不同,使得拥有较多信息或者完全信息的一方在交易中处于有利的地位,而拥有较少信息或者不完全信息的另一方在交易中处于不利地位。在资本市场中,信息不对称主要表现为管理者和投资者之间的信息不对称,以及不同投资者之间的信息不对称,在企业进行资本筹集过程中,信息不对称能否有效得到缓和,或者企业信息披露质量的高低直接影响到企业资本成本的高低。

从会计准则国际趋同的目的出发,会计准则国际趋同主要是为了提高企业会计信息质量,减少企业与投资人以及投资人之间的信息不对称。从而提高企业投资效率,降低企业融资成本。基于中国特殊的资本市场情况,在进行股权融资成本实证研究时还需要考虑企业产权性质差异。

因此,下面从信息不对称视角出发,研究会计准则国际趋同带来会计信息质量的变化对企业股权融资成本产生的影响,并结合我国市场经济发展的特殊性,进一步考虑了会计准则国际趋同对不同产权性质企业股权融资成本的影响差异。研究思路如图 4-2 所示。

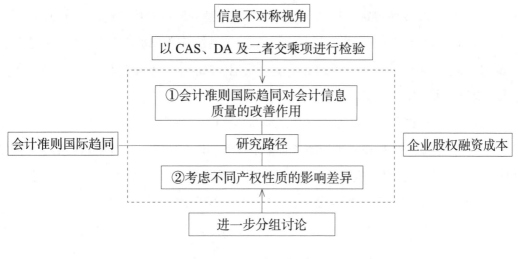

图 4-2　究思路图

一、理论分析与研究假设

股权融资是企业获得资金的重要方式之一。从投资者角度来看,股权融资成本其实是一种放弃其他投资机会收益的机会成本,指的是投资者对其权益投资要求的风险报酬率。资本资产定价理论通过探讨资产风险与收益之间的关系来计算股权融资成本。也就是说风险越小,投资者要求的补偿越小。风险越大,投资者要求的风险补偿也就越大。投资人所承担的风险主要来自于资本市场的信息不对称。一方面表现为股东与管理层之间的信息不对称,即代理问题。上市公司为了筹集到资金,往往会有夸大公司价值的动机,隐瞒不良信息而向市场传达"好消息",在信息披露不规范、透明度不高的资本市场,这种行为会带来更高的道德风险,投资者往往无法判断真正的"好消息"和"坏消息",就会增加风险预测要求更高的资本回报,这样就会增加股权融资成本;另一方面表现为大股东和中小股东之间的信息不对称,由于大股东处于信息优势地位,为了自身利益最大化,他们有时也会干扰会计信息质量的披露,就会造成大股东对中小股东的利益啄食。由于信息不对称的存在,投资者往往会通过寻求价格保护机制来降低代理成本,这样就产生了逆向选择问题,而这种逆向选择则会增加企业股权融资成本。

Lambert 等认为,可以通过改进会计信息质量来提高投资者对会计信息判断的精准度,来降低资本成本。解决信息不对称问题,一方面可以通过完善公司管理机制来降低信息不对称,公司综合治理机制的提高能够促进股权融资成本降低,公司治理机制越完善意味着该公司有较低的信息不对称,投资人的利益也就更有保障。代理人有向市场提供更加透明的会计信息质量的动机,愿意主动提供更多的信息传递给潜在投资者,这样潜在投资者就会降低风险预测,从而减少所要求的回报率,达到降低股权融资成本的目的;另一方面,高质量的会计准则是产生高质量会计信息的前提,完善的准则对会计处理提出了更严格、更规范的操作要求,也使会计信息更真实地反映企业的经营现状,从而为会计信息需求者提供更加透明的信息。

我国会计准则国际趋同的主要目标是提高会计信息的可靠性和可比性。新会计准则在内容上的变化主要表现在除了增加了若干条具体会计准则,同时,还对已有的会计准则进行了修订与补充,并且将重要的经济业务准则单列。突出其重要性,这样使企业提供的会计信息更能真实地反应企业经营活动情况。除了准则内容的变化,会计理念也发生了新的变化,主要表为(1)财务报告目标的转变,由受托责任观转向决策有用观,能够更好地满足了投资者的需求,降低信息不对称;(2)计量属性的转变,由历史成本观转向公允价值计量。这一理念的转变,使股东能够及时了解股权价值的变化,满足股东对会计信息的需求;(3)会计收益确认的转变,由传统的收入费用观转向资产负债观,这样能够更及时反映企业的真实价值。会计准则国际趋同不仅表现在形式上的趋同,我国会计准则与国际会计准则已达到实质趋同。而会计准则国际趋同后,采用高质量的会计准则所带来的会计信息质量的改变，能否降低投资者与管理层之间的信息不对称，从而降低代理冲突，使得企业股权融资成本降低？这将是本书研究的重点。因此，本书提出相关假设 3.1 和假设 3.2。

假设 3.1：会计准则国际趋同带来会计信息质量的变化能够降低企业股权融资成本；

假设 3.2：会计信息质量的变化能够强化会计准则国际趋同对企业股权融资成本的相关影响。

我国股票市场的建立初衷是为了解决国有企业的融资问题，通过上市融资从而减轻银行和国家的财政负担。到目前为止，国有企业占据了上市公司市场的 70% 的比例，虽然非国有企业只有百分之二十多的市场份额，但是依然在股票市场中发挥了重要的作用。国有企业在进行融资过程中，国有企业享有较高的"预算软约束"，当国有企业进行债务融资时候，银行对国有企业的政治背景关注度要超过对企业盈利能力和经营状况的关注，因此，国有企业的会计信息质量在企业进行债务融资时对企业的融资成本影响并不是很大。而国有企业担负着重要的社会责任，尤其是在解决社会就业问题、社会福利以及促进社会稳定等方面更受到公众的关注，国有企业最大持股人为政府，政府可以通过制定一系列的政策来缓解国有企业的债务问题，并且有政府作保证，国有企业股东利益更加有保障，所以会计信息在国有企业股权融资过程中的作用可能也并不是很明显。而非国有企业在进行融资过程中将会面临更多的障碍和困难，在债务融资过程中，银行等金融机构会特别重视企业的盈利能力和偿债能力，并且会严格要求企业进行财务信息披露。在非国有企业进行股权融资过程中，为了吸引更多的投资者，更有强烈动机进行财务报表的粉饰，因此，投资人将来可能会面临较大的投资风险，从而提高对非国有企业的投资回报率期望，而增加非国有企业股权融资成本。

但是，选择会计准则国际趋同，通过更高质量的会计准则规范来对企业财务报告进行规定和监督，目的是为了监督企业能够向社会和信息需求方提供更高质量的、更加可靠的会计信息，增加投资人的信息判断可靠性，做出更加理性的投资决策，从而降低投资人将会面对的投资风险。基于会计信息质量在国有企业和非国有企业股权融资过程中的不同重要性，提出另一个假设。

假设 3.3：会计准则国际趋同带来会计信息质量的变化对非国有企业股权融资成本的影响更大。

二、研究设计与数据来源

模型设计与变量选择

（1）模型设计

吴克平、于富生等利用上市公司的相关财务数据，从整体上揭示新会计准则与盈余管理的关系，发现新会计准则并未显著遏制上市公司的盈余管理。李敏、张志强以盈余管理质量作为会计准则变革的代理变量，比较了会计准则变革前后盈余质量的与企业融资成本变化之间的关系，研究发现会计准则变革对企业盈余管理产生影响，这种影响进而强化了会计信息质量与企业融资成本的关系。通过对以上学者的研究思路及结论分析，发现在研究会计准则国际趋同对企业融资成本的影响时，除了要考虑会计准则国际趋同事件本身对融资成本的影响。会计信息质量也应该被广泛作为传导机制来进行研究。也就是用会计信息质量来表征会计准则国际趋同。为了强化和检验的假设。分别加入会计信息质量及会计准则国际趋同与会计信息质量的交乘项来研究会计准则国际趋同对企业融资成本的影响

$$Costequity = a_0 + a_1 CAS + a_2 DA + a_3 Size + a_4 BM + a_5 Hsl + a_6 Tat + a_7 Lev + \sum Indu + \varepsilon$$

（模型 4.1）

$$Costequity = a_0 + a_1 CAS + a_2 CAS * DA + a_3 Size + a_4 BM + a_5 Tat + a_6 Hsl + a_7 Lev + \sum Indu + \varepsilon$$

（模型 4.1）

（2）变量定义

1. 股权融资成本的计算方式采用资本资产定价模型进行估计。

2. 会计信息质量及其代理变量。参照燕玲的做法，使用盈余质量来衡量会计准则国际趋同带来的会计信息质量变化，使用扩展的 Jones 模型来计算盈余质量的代理变量，即操控性应计利润（DA）。如果操控性应计利润与上市公司的盈余质量呈负相关关系，即操控性应计利润越低，所代表的会计信息质量也就越高，反之，企业会计信息质量则越低。

该部分样本数据来源与筛选均来自于 CSMAR、Resset 和色诺芬专业数据库，通过筛选，得到 11 540 个样本数据，其中国有企业样本 5 816 个，非国有企业样本 5 724 个。

三、实证研究结果与分析一、描述性统计

本部分对样本数据按照国有企业和非国有企业进行分组，并且对主要解释变量和被解释变量的描述性统计进行分组，如表 4-6 给出了股权融资成本以及主要相关变量的描述性统计结果。从表 4-6 中可以看出，三组样本中各个统计指标值差异均在合理区间，样

本分布比较均匀。三组样本作比较分析来看，国有企业组的股权融资成本和 DA 各项指标值均比非国有和全样本组的值大，这一点与理论分析相一致，由于国有企业有着强有力的政治背景，会计信息在融资过程中的作用相比非国有企业就不是那么重要，因此，外部投资人会对国有企业有更高的风险预期收益要求，从而导致国有企业股权融资成本更高。并且，国有企业有更强的利润操控空间。相比于国有企业，非国有企业则更加注重会计信息的披露，以及更加注重对盈余管理的控制，让外部投资人更加清楚地看到企业的经营状况，从而获得外部投资人的支持和信任，最终获得更多的资本。

表 4-6　股权融资成本样本总体描述性统计

变量	分组	样本数	均值	标准差	中位数	最小值	最大值
Costequity	全样本	11540	0.669 3	0.654 3	0.429 7	0.046 6	2.552 8
	国有	5816	0.756 2	0.711 2	0.496 3	0.047 8	2.602 2
	非国有	5724	0.580 8	0.577 6	0.381 1	0.036 9	2.451 6
DA	全样本	11540	0.887 7	0.612 1	0.776 9	0.018 8	2.846 0
	国有	5816	0.988 0	0.680 0	0.860 7	0.019 7	3.159 5
	非国有	5724	0.786 2	0.518 5	0.704 4	0.017 9	2.469 9

（一）相关性分析

如表 4-7 所示给出了变量之间的相关性检验结果，从检验结果来看，DA 与股权融资成本相关系数为 0.1098 且显著正相关，也就是会计信息质量与股权融资成本负相关，初步验证了假设 3.1；从各变量相关性检验来看，各变量之间相对比较独立，不存在明显的多重共线性问题。

表 4-7　股权融资成本变量相关性检验

	Costequity	CAS	DA	Size	BM	Tat	Hsl	Lev	Herf
Costequity	1								
CAS	−0.1379**	1							
DA	0.1098***	−0.0868***	1						
Size	−0.0853***	0.1323···	0.0679***	1					
BM	−0.1568***	−0.1298***	0.1071***	0.5529***	1				
Tat	0.0379***	•0.0409···	−0.0819***	0.0398***	−0.0088	1			
Hsl	0.4786***	0.0015	0.0196*	−0.3024***	−0.2912***	−0.0609***	1		
Lev	0.0459***	0.0803***	−0.0740***	0.4662	0.1016···	0.0943***	−0.0577***	1	
Herf	−0.0006	−0.0017	0.0529***	0.2508***	0.1091···	0.0934***	−0.0982***	−0.0031	1

注：表中为皮尔森相关系数值，***、**、* 分别表示在 1%、5% 和 10% 的置信水平上通过显著性检验。

（二）模型回归结果分析

如表 4-8 所示汇报了模型 4.1 和模型 4.2 的回归结果。通过分析多元回归结果发现，主要解释变量 CAS 与企业股权融资成本显著负相关，会计信息质量代理变量（DA）与企业股权融资成本显著正相关，也就是企业可操控性应计利润与企业股权融资成本正相关，进一步说明了会计信息会质量与企业股权融资成本负相关，说明了会计准则国际趋同后带来会计信息质量的变化降低了企业股权融资成本，验证了的假设 3.1。加入交乘项之 α_1 的方向不变，α_2 为正，说明会计信息质量加强了会计准则国际趋同（CAS）对企业股权融资成本的负相关影响，这一结果与理论分析一致，并且验证了假设 3.2。在三组样本中，主要解释变量会计准则国际趋同（CAS）、DA 以及 CAS*DA 交乘项与股权融资成本关系均一致，且非常显著，说明研究结果比较稳定。

表 4-8　股权融资成本模型回归结果

项目	模型（4.1）			模型（4.2）		
	全样本	国有企业	非国有企业	全样本	国有企业	非国有企业
常数项	（−2.0190） 0.000***	（−2.1001） 0.000***	（−1.5089） 0.000***	（−1.9559） 0.000***	（−2.0516） 0.000***	（−1.4282） 0.000***
CAS	（−0.2899） 0.000***	（−0.1940） 0.000***	（−0.3751） 0.000***	（−0.3801） 0.000***	（−0.2595） 0.000***	（−0.4523） 0.000***
DA	（0.0769） 0.000**	（0.0466） 0.000***	（0.0826） 0.000***			
CAS*DA				（0.0845） 0.000***	（0.0585） 0.000***	（0.0817） 0.000***
Size	（0.1063） 0.000***	（0.1098） 0.000***	（0.0919） 0.000***	（0.1112） 0.000***	（0.1101） 0.000***	（0.0919） 0.000***
BM	（−0.2036） 0.000***	（−0.1425） 0.000***	（−0.2954） 0.000***	（−0.2038） 0.000***	−0.1432 0.000***	（−0.2947） 0.000***
Tat	（−0.0210） 0.560	（−0.0209） 0.183	（−0.0209） 0.190	（−0.0077） 0.497	（−0.0201） 0.192	（−0.0219） 0.168
HsI	（0.0008） 0.000***	（0.0011） 0.000***	（0.0005） 0.000***	（0.0008） 0.000***	（0.0011） 0.000***	（0.0005） 0.000***
Lev	（0.3466） 0.000***	（0.1285） 0.004**	（0.4679） 0.000***	（0.3296） 0.000***	（0.1280） 0.004**	（0.4679） 0.000***
行业	控制	控制	控制	控制	控制	控制
F 值	270.61	208.94	95.22	276.03	209.46	95.06
R2	0.3607	0.4535	0.2864	0.3653	0.4519	0.2861

注：括号内为相关系数值，***、**、* 分别表示在 1%、5% 和 10% 的水平上通过显著性检验。

模型 4.1 的回归结果显示，CAS 与股权融资成本相关系数绝对值在非国有企业组最大，并且 DA 与股权融资成本相关系数在非国有企业组也是最大，说明高质量的会计准则和会计信息对非国有企业股权融资成本带来了更大的影响，这一点与理论分析和理论假设一致。模型 4.2 加入会计准则国际趋同和 DA 的交乘项，考虑会计信息质量对会计准则国际趋同经济后果的调节作用，实证结果显示，会计信息质量的改变强化了会计准则国际趋同对企业股权融资成本的影响，并且，相比于国有企业，这种影响对非国有企业的作用更大。这一结论与理论分析和研究假设相一致，证明了研究假设 3.2 的合理性。

四、稳健性检验

模型 4.1 和模型 4.2 分别初步检验了会计准则国际趋同、会计信息质量以及二者交乘项对企业股权融资成本的影响，并得出与研究假设相符的结论，出于谨慎性考虑，使用了方差膨胀因子（VIF）值检验的方式对模型 4.1 和模型 4.2 进行了稳健性检验，表 4-9 给出了模型 4-1 和模型 4-2 的稳健性检验结果，通过检验结果可看出各个变量的 VIF 值控制在 1~3 之间，说明模型 4.1 和模型 4.2 中各个变量之间的方差膨胀因子并不大，表明该模型不存在严重的多重共线性问题。

表 4-9　模型稳健性检验结果（VIF 值）

项目	全样本	国有企业	非国有企业	全样本	国有企业	非国有企业
均值	2.39	2.64	2.18	2.41	2.66	2.19
CAS	1.11	1.12	1.14	1.32	1.40	1.29
DA	1.24	1.29	1.18			
$DA*CAS$				1.41	1.54	1.30
$Size$	1.88	1.84	1.82	1.88	1.84	1.82
BM	1.99	2.03	1.91	1.99	2.03	1.91
Tat	1.20	1.24	1.17	1.19	1.23	1.16
HsI	1.23	1.28	1.23	1.22	1.28	1.23
Lev	1.62	1.58	1.62	1.62	1.58	1.62

综上，实证研究从信息不对称视角出发，通过构建会计准则国际趋同对企业股权融资成本的影响路径，理论上分析了会计准则国际趋同对企业会计信息质量的影响，并简要分析了企业会计信息披露在企业股权融资过程中的重要作用，又通过会计信息质量这一传导机制实证检验了会计准则国际趋同对企业股权融资成本的影响，研究发现，会计准则国际趋同可以通过改善会计信息质量来降低企业股权融资成本。进一步考虑中国市场经济的特殊情况，通过对国有企业和非国有企业进行分组讨论，发现会计准则国际趋同对国有企业和非国有企股权融资成本均产生相应的影响，但是对降低非国有企业股权融资成本的影响更大，并且本章的研究结论均通过稳健性检验。

第四节　我国会计准则国际趋同背景下优化企业股权融资成本的建议

会计准则国际趋同是大势所趋,中国选择会计准则国际趋同既是中国市场经济健康发展的需要,也是促进世界经济交流与合作的必然之选。一方面,中国经济发展速度已经跻身世界前列,取得了丰厚的经济成果,中国市场经济的发展急需要一套高质量的、有权威的、适用性强的会计准则来对经济成果进行准确的计量和核算,中国市场经济的继续前行也需要有一套国际认可的会计准则来进行规范。另一方面,随着中国企业在外投资规模的扩大,尤其是在"一带一路"战略发展契机下,中国与沿线国家之间的经济往来合作频繁,为了更好地促进中国与世界其他国家和地区之间的经济合作的开展,中国会计准则应该实现与国际会计准则的持续趋同,并且能够影响经济合作伙伴,实现会计准则的国际趋同,减少经济交往的摩擦和壁垒,降低不必要的经济成本,最终实现世界经济的共同发展和繁荣。根据研究内容和研究结论,针对我国会计准则国际趋同现状和我国会计准则国际趋同经济后果影响,主要从我国会计准则国际趋同路径选择、我国会计准则的修订完善以及新会计准则的实施三个层面提出相应的政策建议。

一、积极参与国际会计准则制定,争取国际会计准则制定话语权

会计准则国际趋同的呼声在 2008 年金融危机后日渐高涨,二十国集团极力倡导国际会计准则委员会尽快制定和实施适用于全球范围的国际会计准则。中国作为会计准则国际趋同的实施者和推行者,应该积极参与到国际会计准则的制定和修正过程中,这一点既反映了中国经济发展的诉求,也能够有力推动国际会计准则全球推行的趋势。一方面,由于我国市场经济发展起步比较晚,IFRS 是在市场经济起步早、发展成熟的欧洲国家产生,因此,国际会计准则的制定较多的考虑了成熟资本经济市场的发展因素,我国在引入国际会计准则的过程中会面临各种不适应。中国作为世界上最大的发展中国家,经济和金融地位在世界上日益重要。尤其是当前外国投资和中国对外投资总量均在增长,会计这一商业通用语也应该发挥应有的作用,尤其是在传达真实会计信息、降低额外经济成本、增强企业经济决策准确性以及提高企业经营管理水平等方面均有重要的作用。在这样的经济发展背景下,中国更应该积极参与国际会计准则的修订和完善,这将有利于加强中国与

国际经济往来和资本流动，提高资金利用率，促进合作国家和地区经济发展。另一方面，当前美国对国际会计准则的态度尚不明确，中国更应该把握机遇，提升自身在国际会计准则制定和完善中的话语权。同时，中国应该顺应时代发展要求，"一带一路"发展战略的实施和推进是提升中国国际影响力，提高国际话语权的最佳时机。"一带一路"发展战略背景下，中国坚定不移实施和推进国际会计准则为沿线国家带来了良好的示范作用，能够影响和推动国际会计准则在沿线国家的应用和实施，从而推动国际会计准则的趋同进程。

世界经济发展的步伐一直前行，国际会计准则依然在不断修正和完善，既然 IFRS 是适用于全世界经济发展的高质量的会计准则，就应该有发展中国家积极参与到 IFRS 的制定和修改过程。这时就需要中国积极发声，向国际会计准则理事会表达经济发展诉求。中国在引入 IFRS 的过程中积极反馈国际财务报告准则在发展中国家应用中遇到的问题，并且努力和国际会计准则委员会成员一起面对和解决这些问题，通过大量的实证经验来印证和说服国际会计准则委员会，从而提高国际会计准则应用的准确性和实用性。并且努力组织和培养高质量的会计人才，输送人才和团队到国际会计准则委员会，积极参与国际会计准则的制定和讨论，并且向发达资本市场学习和运用具有国际视野的会计理念，减少会计理念的误解和错误运用。

二、完善我国会计准则制定机制，提高利益团体准则制定参与度

首先，政府是会计准则制定和修正的主要倡导者。在大陆法系国家，会计准则的制定往往是自上而下的，国家政府机关制定相关法律规定，各社会团体严格执行；在英美法系国家，会计准则的制定是自下而上的，具有更强的实践性和更高的认可度。由于我国市场经济运行机制尚不完善，我国市场经济的健康发展要在政府的规范引导下运行，尤其是在规则的制定和规范指导方面需要政府机制发挥作用。因此，我国会计准则的制定承袭了我国"政府导向"的制定原则，中国财政部作为会计准则的制定主体，主要负责我国会计准则的起草、制定、修订和完善。在这一过程中，政府应该发挥号召引导的作用，政府应该广泛组织专家学者和相关经济活动参与者积极探讨，专家学者从专业角度对具体会计准则进行研究分析，并对准则执行后果进行客观评价，为最终实现经济利益最大化和社会资源公平分配建言献策；主要经济活动参与者代表则应该提出自身经济利益需求，在合法合理前提下尽可能提高资本使用效率，保护经济参与者的合法利益。在这一过程中，政府的引导和组织角色应该充分发挥。同时会计准则制定和执行仍然需要政府发挥监管和协调作用，在准则的执行后期，随着会计实务操作和经济状况的进步和发展，政府还应该能够

及时主持准则的修订和完善工作。

其次，会计准则执行者应该积极参与到准则的制定和修正过程。由于企业是会计准则的规范对象和执行主体，会计准则的制定也是为了更好地服务于市场经济。因此，在会计准则制定过程中，应该更加重视会计执行主体的参与和意见反馈。我国企业会计准则的执行主体为各个企业单位，会计人员在严格按照会计准则规定进行经济成果核算的时候，可能会遇到对具体准则理解不清楚的地方，以及具有模糊定义的经济事项无法准确计量，尤其是当前我国会计准则大量引入公允价值计量属性，对我国会计人员工作职业判断提出了更高要求。因此，我国会计准则在制定完善的过程中应该充分听取准则执行者的意见反馈。会计准则执行者除了认真贯彻落实会计准则理念，严格按照会计准则要求进行会计处理之外，还应该及时反馈会计准则在执行过程中遇到的问题，并提出合理修正建议，只有准则执行者充分参与到准则的制定和修正过程中，准则才能真正得到贯彻落实，并在不断修订中得到完善，最终实现社会资源的最大化利用。

最后，提高专家学者对会计准则的研究热情，并且在会计准则制定过程中广泛听取专家学者的政策建议，充分发挥专家学者"智囊团"的功效。会计准则的制定与完善离不开专家学者公平客观的学术研究，并且学术研究成果应该服务于实际经济的发展。在会计准则制定前期，专家学者应该积极参与会计准则制定的讨论，在对国内外会计准则进行研究的基础上，为我国新会计准则的制定和修订提供经验借鉴和政策建议，并且对未来新会计准则实施可能产生的经济后果进行预测和鉴别，为会计准则的制定打好"前战"；在会计准则制定过程中，专家学者在广泛听取各方意见的基础上对会计准则具体规定做出客观评价，并有针对的提出政策建议，确保准则规定的客观性和公正性；在会计准则修订和实施过程中，专家学者及时研究准则执行过程中遇到的问题，并提出相应的解决对策，为我国经济成果计量和统计工作建言献策，为社会经济的发展做贡献。

三、加强新会计准则执行监督，提升企业会计信息披露水平

在我国，财政部会计司负责组织会计准则的制定和完善，证监会会计部则负责新会计准则的执行和监督，并及时关注新会计准则在实施过程中遇到的问题，及时做出回应和修正。由于新会计准则的计量方式和计量属性均有较大变化，在充分考虑我国经济发展现状的情况下，引入和借鉴国际会计准则的理念，原则导向、资产负债观以及公允价值理念的引入均对我国企业会计信息产生重要的影响。一方面，由于新会计准则理念的产生和发展来源于欧美成熟的资本市场，而中国市场经济环境依然处于不断完善之中，因此市场定价机制还比较缺乏；另一方面，关于公允价值的具体计价方式相关规定又比较少，原则

导向型和公允价值的广泛使用对我国会计从业人员的业务处理能力和职业判断能力提出了较高的要求，而我国会计工作人员的整体素质尚未完全达到准确理解和运用公允价值的水平，从而为企业会计信息操控提供了一定的空间。

目前，我国新会计准则的实施和执行情况良好，但是由于上述不完善因素的存在使得公允价值的准确使用面临一些挑战，要解决此问题，需要证监会、注册会计师协会以及会计事务所会多方面共同努力，来确保新会计准则要求下产生高质量的会计信息。一方面，证监会应该充分发挥行政监督作用，加大对上市公司财务报表披露的监察力度，确保新会计准则在上市公司的准确执行。另一方面，应该借鉴欧美发达国家经验，充分发挥注册会计师协会的社会监督作用，为我国高质量的会计工作人员输送"血液"，提高我国注册会计师的工作能力和职业道德水平。此外，还应该发挥我国会计事务所的行业监督作用，会计事务所在为企业提供会计和咨询服务是应该严格把好质量关，从专业的角度提供最真实的会计分析和财务咨询，降低企业经营风险，提高企业会计信息披露水平，充分发挥"经济警察"的保卫作用。

综上所述，要加强新会计准则的实施监督力度，切实保证新会计准则的严格落实和执行，需要政府监管部门、注册会计师协会以及会计事务所各层发挥监督作用，为我国经济健康发展提供良好的会计环境，提高会计信息质量，切实保护经济所有者的利益，为投资人提供客观公正透明的会计信息，降低企业投资风险和经营风险，提高企业决策准确性，将会计准则的行业规范效用充分发挥，为我国经济健康发展提供制度保证和创造良好环境。

第五章　我国会计准则国际趋同对股价变动的影响

第一节　会计信息与股价变动的理论概述

一、信息与股票市场关系理论

（一）有效市场假说

Fama 教授在有效市场假说探究的过程中得出这样的结论，假如股价可以反映出全部的关键有用信息，这个市场就是有效的。在有效市场中，除了相关信息，人们不会重视不相关信息。也就是说，有效市场假设理论认为，只有当证券价格能够全面反映相关的有用信息时，股票市场的效率才会提高，即信息可以充分被获取并使用。信息涵盖了大众可以通过自己的判断得出的预测，又包括了通过价值理论得出的微观和宏观信息。

股价可在短时间内反映出所有相关信息，市场信息决定了股票价格从一个均衡水平过渡到另一个水平，过渡过程离不开信息的产生、分析处理和利用，但是新信息产生的价格变化是独立而随机的。

股票市场分为以下了三种：弱式效率、半强式效率与强式效率。从社会角度可以观察出市场效率即信息对市场资源分配起到主要作用，从而看出社会价值是否流入了利益最大化的区域。由于证券市场的理论价格与实际交易价格存在差异，所有投资者都不能仅使用市场信息去判断股票价格。只有当市场信息可以完全反应在股票市场时，证券市场才可称为完全效率。

所以在股票市场中，有效资本市场理论就是指股价以怎样的速度与程度反映了市场信息。股价反映的信息量越大同时传播速度越快，市场就越有效。换句话说，以下两个因素决定了证券市场有效性程度：一个是能获取的信息量，另一个是获取与传播的速度。

（二）随机理论

随机理论的观点是股价没有规律可循，可是股价会受到投资者一些内幕消息的影响。

在了解公司的盈利水平降低后,投资者肯定做出反应进行交易,使股票价格发生变化,反过来股价的高低就反映出了此信息。也就是说股价与信息见有关联性。随机理论认为股价无法及时反映最新消息,但是在信息发布与获取时存在偶然因素,所以对股价影响也存在随机性和不确定性。人们无法预测未来股价的走向,就像无法预测公司何时公布信息以及信息的影响力怎样一样。在某个时点上,随机理论承认且证实了信息与股价间具有关联性,因为此时的股价已经完全反映了历史信息,但是无法利用历史价格来估计未来的价格趋势。学者们在研究了股价历史走势的基础上得出了随机理论,为了验证这一假设,学者们运用了三种实证方法,分别为运行测试,序列性对应关系测试与交易规则测试。

从以上两种理论可以看出,这些理论的根本就是从不同的角度分析股票价格与市场信息间的关系。不论证券市场是否真正有效,还是投资者购买的股票存在任何风险,在证券信息与股票价格之间终究会存在某种联系。

二、会计信息影响股价变动的机制

本书通过总结众多学者研究会计信息影响股票价格变动的文献,发现学者们对于会计信息影响股价变动的影响原因主要持三种观点,包括信息观下会计信息对股价的影响,计价模型观下对股价的影响以及公允计量观下对股价的影响。之后本书又分别从上述三种观点中提炼出了会计信息通过三种机制影响股票价格变动的观点,包括预期信息影响股价变动机制、历史财务模型影响股价变动机制、公允价格模型影响股价变动机制。因此本书认为,会计信息正是通过以上三种机制来影响股票价格变动的。

(一)信息观下会计信息对股票价格的影响

投资者之所以购买上市公司的股票,不是因为股票具有如同货币的流通价值,也不是因为具有一般商品的使用价值,而是因为股票可以代表上市公司的财产所有权,并且股票可以带来对公司未来股利分红的要求权。按照财务管理的基本理论观点,公司的股票价格是未来现金流量按照一定的贴现率进行折现后的现实,这里面未来现金流量指的就是公司每股未分配利润。会计信息观认为,正是投资者通过会计信息了解了公司未来支付股利的能力,之后就会改变对公司股票价格预期,进而会使得股票价格发生变动。

会计信息观认为,投资者是通过四个因素三点关键性链条作用来影响投资者对企业未来支付股利能力的预期进而使得股价发生变动的,这包括当前会计盈余对未来会计盈余的作用、未来会计盈余对预期可支付的股利作用以及预期可支付的股利对股票价格影响的作用。

1. 当前会计盈余对未来会计盈余的作用

会计盈余信息包括财务报表中的毛利率、净利润率、净资产收益率、净利润等,这些指标被投资认为是与投资相关最重要的指标。投资者正是根据这些指标来对公司未来的盈利能力做判断的。

投资者无法确切地知道公司未来的经营能力,无法判断公司今后的盈利能力,只能依靠对当前公司主营业务行业的预测、对公司管理层管理能力的判断、对公司技术研发能力的考核以及对公司治理能力的判断来对公司未来的经营能力做预估。而上述对公司当前能力的判断,最终在财务报表上的反映就是公司的会计盈余信息。因此,可以说投资者正是依靠在了解公司会计盈余信息的基础上,对公司的未来盈利能力做出的判断。

2. 未来会计盈余对预期可支付的股利作用

根据财务报表可知,公司当年盈利产生的净利润会按照提取法定盈余公积、提取任意盈余公积、向投资者分配利润到转移到未分配利润科目的步骤进行分配。因此,可以看出公司可支付的股利来自于公司的净利润,那么,公司未来的会计盈余势必会影响未来公司可支付的股利。

从另外一个方面来看,影响公司未来股利的原因还有许多,例如,公司市场环境的变化、公司成本的控制、公司技术变革的速度,但是这些因素都是通过影响公司的净利润进而才能影响公司可分配股利的。尽管公司所采用的股利支付政策在很大程度上会影响公司股利的派放,但是不管公司采用何种股利支付政策,未来会计盈余与预期可支付的股利具有的相关性是不容置疑的。

3. 预期可支付的股利对股票价格影响的作用

股票的价格是公司未来现金流量按一定的贴现率贴现后的现值。此外,股票价格的变化由投资者对公司未来经营效益的预期而变化的,投资者对公司盈利的预期就是投资者对公司可支付股利的预期。因此,可以说预期可支付的股利引起了股票价格的变动。

从上面的分析,可以看出会计盈余与未来会计盈余具有紧密联系、未来会计盈余又与预期可支付的股利具有联系,预期可支付的股利又对股票价格变动产生影响。因此,在信息观看来,会计信息影响股票价格变化正是通过以上的机制作用的。

(二)计价模型观下会计信息对股票价格的影响

持有计价模型观的学者认为股票价格的变动是不符合有效市场的假说的,因为公司的股票预期会受到投资者过度的反应,从而股票价格也会因此剧烈变动。在这种情况下,股票价格的形成就是无从下手研究的,而且并不是信息观学者认为的会计信息与股票价格的变动具有紧密的相关性的。

支持信息观下会计信息对股价影响的学者认为投资者和市场对股票的定价是有效的，股票价格的变动是有迹可循的。然而，股票价格的无序、剧烈的变动给了支持持有计价模型观学者的理由。这些学者对有效市场假说的怀疑，促使了他们重视了股票的内在价值，并由此把研究重点放到了研究股票变动的模型上。这些学者研究的对象是财务报表数据和股票之间的数字关系，与持有信息观的学者研究会计信息影响股票价格变动的机理不同的是持有计价模型观的学者通过计量模型来做数据的实证检验，他们并不研究财务报表信息具体是如何传导来引起股票价格变动的。与此同时，学者们通过计量模型，可以利用过去的样本数据估算出模型的系数，这样就可以利用模型来计算出未来股价的变动，并且可以估算出股票价格的变动是在多大的概率下发生的。这样，结合当前企业的会计信息，利用计量模型就可以检验当前公司股票价格是否是有效的，从而可以判断出当前股价是否出现了高估或者低估的情况。

计价模型观的代表学者是奥尔森和费尔萨姆，他们建立了研究会计信息与股票价格变动的模型。该模型将净资产收益率、股东权益资金成本作为解释变量，股票价格作为被解释变量。经过实证检验得出的结果是，当公司净资产收益大于股东权益资金成本时，随着两者之间的差额越大，股票价格就越高；随着两者之间的差额越小，股票的价格就越低。在奥尔森和费尔萨姆的模型中，明确了会计信息与股票价格之间的函数关系，甚至可以用财务报表的数据结合模型来预测未来股价的变动，因此该模型的意义是十分深远的。

（三）计量观下会计信息对股票价格的影响

上述提到从信息观与计价模型观角度来研究会计信息与股票价格变动的基础都是建立在采用历史成本法来计量企业财务数据的，而计量观下会计信息对股票价格研究的基础是建立在企业采用公允价值法来计量企业财务数据的。

计量观研究的学者通过研究 1970 年到 1989 年美国股市的面板数据发现，采用历史成本法计算出的公司会计盈余信息短期对股票价格变动的解释相关性只有 2%~5%，甚至在研究公司股票价格长期变动的表现时，会计盈余信息的解释相关性也比较差，只有 4%~7%。因此，这些学者认为在采用计量模型进行实证检验的过程中，不能使用历史成本法来计量会计信息，这样得出来的结论与实际的股价变动是不一致的，模型解释度低，对未来股价预测的效果不高，无法使投资者有效的利用会计信息来计算股票实际的价值。实证检验的结果也证实了，会计信息质量的高低决定了模型参数的有效性，当会计信息质量低时，模型就无法有效地对被解释变量进行解释，无法根据低质量的会计信息来计计算股票价格的变动。

支持计量观下会计信息对股票价格影响的学者认为使用模型来对会计信息与股票价

格进行拟合是可行的,但是这必须建立在使用公允价值法来计量会计信息,而不是使用历史成本法计量会计信息。尤其是在金融衍生工具突飞猛进的阶段,资产价格的变化速度已经远远地超过了历史成本法下资产折旧的速度,所以有必要用公允价值法对资产进行计量。

1990 年的 9 月,美国证券交易委员会主席理查德·C.布雷登首次提出了把金融工具以公允价值计量且其变动计入当期损益的会计制度,随后美国会计协会颁布了一系列与公允价值计量有关的准则,包括金融工具价格计量的准则(SFAS105, SFAS107, SFASI 19)、长期资产和长期负债价格计量的有关的准则(SFAS106, SFAS114, SFAS115, SFAS118, SFAS121)。

计量观研究的学者已经运用公允价值计量资产与负债,但是这些学者并没有在引入多少科目采用公允价值计量、引入多少科目采用成本法以及在这些科目上采用公允价值会带来哪些问题上面形成一致的观点。尽管研究计量观的学者认为采用公允价值法来计量会计信息对检验会计信息与股票价格变动更具有检验的效果,但是还是无法确定要在哪些科目上采用公允价值法计量,无法确定引入公允价值计量会计信息后会对会计信息带来哪些负面的效果从而削弱会计信息的有效性。因此,本书认为在研究会计信息对证券市场股票价格变动作用的这个问题上面,有必要在信息观会计信息影响股票价格变动的机制和计价模型构建计量模型的基础上,构建采用公允价值计量会计影响股票价格变动的计量模型。因此,也可以说信息观影响下对股票价格变动的影响和计价模型观下对股票价格的影响是两种最基本的理论命题,而计量规则是在信息观和计价模型观的基础上衍生出来的理论,正是在这一研究背景下,研究计量观的学者检验了计量关系企业会计信息与股票价格变动的关系,从而得出了解释相关性较高的结果,模型得到了合理的肯定。

第二节　我国会计准则国际趋同的经济后果对价值相关性的影响

已有大量学者通过研究股价与会计信息之间的相关性来对会计信息价值相关性进行衡量,也就是价格模型,因此本书中主要通过讨论股价如何反应会计信息,来研究什么原因影响了会计信息价值相关性。其中有些因素充实了价值相关性研究,但有些影响了价值相关性研究。

一、会计信息价值相关性含义

　　会计信息作为资本市场中的重要因素，它的质量决定了资源优化配置在资本市场中能否积极发挥作用，资本市场能否形成一个良性循环。会计信息中一个非常关键的属性就是相关性。会计信息价值相关性在我国《企业会计准则》是这样解释的：企业披露的会计信息要与财务报表使用者的经济决策需要相关，会计信息要有助于使用者对企业的过去、现在、未来事项进行有效的判断、评价和预测。

　　《美国通用会计准则》（USGMP）中对会计信息相关性解释为会计信息必须与财务报表的使用者需求高度相关，会计信息要反映真实企业过去、现在发生的重大事项，帮助使用者评价公司过去、现在和未来事项，要有助于使用者对公司做出未来合理的预测。《国际会计准则》（IAS）将会计信息相关性表述为信息只有通过帮助使用者对事项进行确认或评价、更改他们过去的评估从而导致使用者的决策受到影响，信息就具有相关性。

　　上述三大会计准则中会计信息相关性的要求具有三个明显相同的特征，即及时性、证实性以及预测性。因此，会计信息相关性的要求即要有助于会计信息使用者及时地对公司披露出经证实的会计信息来评价、预测企业过去的经营业绩和未来的生产经营情况，以便对投资者过去的投资决策进行修正。

　　判断会计信息是否会影响公司投资价值通常是利用资本市场中公司股票的价格在会计信息披露前后的变化来体现的，如果企业会计信息披露后资本市场中投资者做出来较为显著的反应，那么就证明了会计信息与公司价值相关性就强，投资者利用会计信息决策的有用性就高。事实上，会计信息的基本属性中就包括相关性，会计信息披露的目的就是为了会计信息使用者能够更好地了解一家企业的基本情况，从而使会计信息使用者能够采取与会计信息相关的有价值的决策。为此，世界范围内的学者们从始至终都在研究如果更好地利用公司对外披露的财务信息来反映公司真实的生产经营情况、内部控制情况、未来发展的潜力，进而使得投资者对企业能够有更好的价值判断。会计信息的价值相关性研究也就是学者们研究企业披露的会计信息和企业股票价格或者说企业价值变化的研究。

二、会计信息价值相关性衡量方法

　　学者们对会计信息价值相关性的衡量通常采用企业收益模型和股票价格模型来计算。在企业收益模型中，学者们一般将股票累计超额回报作为被解释变量，盈余信息、非盈余信息作为解释变量。在价格模型中，学者们一般使用企业剩余收益作为解释变量，剩余收益数据的来源一般包括资产负债表中的未分配利润和利润表中的利润总额、净利润等指标,被解释变量则是某一时点的股票市场价格。这是因为学者们认为,在资本市场处于半强势的假设条件下,企业股票市场价格能够完全反映企业所有的信息,这其中很大一部分是受到会计信息的影响,企业的价值可以通过股价表现出来。

因此,会计信息价值相关性的衡量方法通常都是建立在研究股票价格变动和企业会计信息描述的基础之上,利用资本市场强势有效的假设进行回归分析。在企业收益模型和股票价格模型中,T检验值、模型的拟合度、回归系数的标准差是说明会计信息价值相关性是否得到体现的检验结果。其中,T检验值高则说明会计信息的变化对股价变化有显著影响;模型拟合度高则表明模型变量之间关系较为紧密,会计信息变化与股价的变化有共同的趋势;回归系数的正负可以表示出会计信息的改变对股价变动是正相关还是负相关。

三、会计准则的经济后果对价值相关性的影响

会计准则的改进会优化证券市场,使得证券市场股票价格与会计信息的相关性更紧密。但是,会计准则对于证券市场的影响是通过很多因素来实现的,不仅仅是会计准则自身直接作用于证券市场,还包括了其他因素间接作用于证券市场,这些因素本书统称为制度环境因素。

学者在研究股票价格相关性的问题上发现,利用外国发达国家的上市公司会计数据做检验,得出的解释十分显著,而运用我国的上市公司会计数据做检验,得出的解释却不显著。这一方面的原因有我国与国外的会计准则的不同,另一方面的原因就是我国的经济市场环境与发达国家还有一定的差距。为此,本书在研究会计信息与股票价格相关性的时候,有必要研究制度环境的不同是怎样影响会计信息与股票价格相关性的,通过研究可以更好地调整会计准则,更好地让会计信息反映真实的股票价格情况。

(一)经济后果和市场有效性之间的关系

划分金融市场有效性的标准是金融市场上投资者所能获得有效信息的含量。按投资者能获得有效信息量的大小,投资者把市场分为了弱势有效市场、半强式有效市场和强式有效市场。学者们认可美国的资本市场是半强式有效市场,在美国的证券市场中,投资者可以获得充分的有效信息,并可以通过这些信息来有效的分析股票价格变动。从我国的实际情况来看,学者们没有得出我国的市场是否有效的结论,但是学者们普遍认为我国的资本市场是低效率的。

证券市场的低效率主要表现为股价的变动没有充分反映上市公司真实的有效信息。

学者们通过研究我国证券市场,发现信息不对称是我国证券市场最大的顽疾,这是我国证券市场低效率的主要原因,信息不对称造成股价变动无迹可寻的结果。我国证券市场信息不对称的情况主要分三种:一是上市公司与中小投资者之间信息不对称;二是上市公司与政府监管机构之间信息不对称;三是大型投资机构与中小投资者之间信息不对称。这三种信息不对称造成了我国股票市场剧烈的波动,使得我国股票市场成了企业圈钱,投资者赔钱的市场,造成这些结果的原因就是信息不对称所导致的股票价格与公司、真实的价值偏离。

以我国深圳交易所为例,截至 2021 年年底,中小板上市企业的平均市盈率为 37 倍,而创业板的平均市盈率约为 47 倍。市盈率即股票价格与每股收益的比值,创业板 63 倍的市盈率也就意味着,投资者按照企业现在的盈利状况要用 47 年的时间才可以收回投资成本。创业板平均市盈率如此之高也就意味着上市公司的股价已经严重偏离了会计信息所反映的企业投资价值。信息不对称在上市公司上的反应可以是,企业宣称研发了某项新型技术,并公布了研发的近况,投资者在没有实地考察、没有认真了解技术的条件下,就认同了企业发出的信息,大量购买该企业的股票,使得股价上涨。而实际上企业往往只是为了抬升股价而公布的不实信息,之后会以技术研发失败或者不符合实验预期来解释过去,这就会造成股价的回落。股票价格的一起一落中,投资者和上市公司之间是存在信息不对称的,投资者对于上市企业的了解远远弱于上市公司本身,投资者处于十分不利的境地,导致了投资者出现错误的投资判断。股票价格的变动反应的只是投资者与上市公司间信息不对称的结果,并非会计信息变动的结果。这种信息不对称性,使得拥有真实信息的人获得超额收益,使得信息弱势的一方亏损。股票价格偏离了公司的实际投资价值,证券市场也即是非强势效率的。

（二）会计准则的经济后果分析

在我国,企业会计准则是由我国财政部制定的是在我国大的法律环境下制定的企业会计做账的准则。在不同地区的法律环境影响下,会计准则实施的深入程度就会不同。在法律制度不完善的地区,会计信息与股票价格、公司价值的相关性就不高。而在法律制度完善的地区,会计信息就会与股票价格有很强的相关性。究其原因,这主要是由于企业是否遵纪守法、地区的法律制度是否没有严重漏,以及企业违反法律所付出的代价是否严重造成的。在我国法律制度是企业会计信息是否有效一个重要的重要因素。

目前,我国法律制度还处在逐步完善的阶段,企业生产经营活动主要受到《公司法》《证券法》《税法》《经济法》的约束。但是,很大一部分企业会钻法律的空子,不严格遵守法律法规的要求,为了经济利益的实现往往会铤而走险。例如企业偷税、漏税的现象十分严重,反映到实际情况就是企业会设两套账本。其中一套给税务局查账,这套账本中只记录了一部分收入,记载了大部分的成本,降低了企业的利润,甚至企业连续几年都是亏损状态,这样就使得企业少缴营业税、增值税、企业所得税和其他税费;而另一套账记载企业真实情况的财务报表,在真实的财务报表中企业往往就会"扭亏为盈"。如果投资者对企业状况不知情时,只是凭借企业递交给税务局的财务报表来判断企业的真实情况,那么,投资者就会对企业产生错误的判断。虽然我国的上市公司发布的财务报表要经过具有证券、期货资格的会计师事务所出具审计报告,但是由于我国的法律制度还不完善,企业违反法律的成本较低,仍然会出现部分企业的财务数据是不真实的情况。那么投资利用这种不真实的审计报告做分析,就会得出错误的投资决策。这样说来,我国的法律制度对于会计信息与股价变动的相关性起到了一定程度的负效应。

(三)我国会计准则的经济后果对价值相关性的影响

会计信息有披露者和使用者,这里研究的职业水平影响价值的相关性是从披露者和使用者两方面来说的。

1. 会计信息的披露者

会计信息的披露者即企业会计人员。企业会计人员职业水平的高低是一定会影响会计信息质量的,这主要体现在两个方面。第一,会计人员对于会计准则的理解不同。同一个会计准则,职业水平高的会计从业人员会严格按照会计准则的要求执行,科目的选择与方法的应用是准确的,那么在资产负债表、利润表和现金流量表上的反映就是准确的。而对于一个职业水平低的会计从业人员来说,就会对会计准则中某项的要求产生误解,本应该记录的会计科目被其误解而计入了另一个会计科目,这样一来就会产生不正确的会计信息。第二,会计人员学习新会计准则的进度不同。当新的会计准则发布的时候,会计师协等会举办关于培训新会计准则的课程,要求企业会计人员认真学习新会计准则,从而运用最新的方法记录。而对于没有参与会计准则培训的会计从业人员来说,就不会清楚新会计准则的运用,也就不会使用新会计准则记账。这样,同一个业务事项发生时候,参与新准则培训的会计从业人员和没有参与新准则培训的会计从业人员就会得出两种结果,而这两种结果在他们本人看来都是正确的。

因此,会计准则的变动最后能否起到提高会计信息质量的作用,会计从业人员的专业水平是其中十分重要的环节。只有可靠地会计从业人员才会提供真实的会计信息,投资者才能通过会计信息了解企业的真实价值,这时候的会计信息才与股票价格具有相关性。

2. 会计信息的使用者

与会计信息披露者不同,会计信息的使用者主要是企业外的投资者。这些投资者正是通过了解企业的财务报表进而了解企业的盈利状况,并对企业未来的盈利状况进行估计。

对于上市公司而言,会计信息的使用者主要是大型的投资机构,包括证券公司投资部门与基金公司等。这些大型投资机构中分析人员的职业水平通常会影响上市公司的股票价格。投资机构的从业人员会通过上市公司发布的财务报表来了解公司的经营盈利状况的,他们会重点关注公司的收入、成本、费用等关键指标,也会利用这些财务报表数据来计算各种财务分析的比率,最终得出一份可行性投资报告或者是投资价值报告等。这些投资报告中的内容汇聚了分析员的主观判断,同时也是他们对于公司财务报表最直接的反应。但是,由于这些从业人员的专业水平参差不齐,投资经验相差很大,因此他们通过分析财务报表所得出来的结论也会千差万别,甚至会相互矛盾。尤其是在活跃的证券市场中,一份投资报告就会影响很多的投资者的投资方向。因此,这些分析员的投资报告会成为左右市场的风向标,他们对于会计信息的理解就会成为影响股价变动的关键因素。

第三节　我国会计准则国际趋同对股价变动影响的实证分析与建议

一、研究假设

采用新会计准则就是为了满足市场经济发展的需求,同时达到与国际财务报告准则趋同的目标。所以新会计准则在旧准则的基础上,对财务报告的理念上进行了新的突破,创建了一个全新的理论思维。也就是说,根据新准则编制的财务报表明确了资产负债表观,将对利润表的注重转移到了资产负债表,进而降低了公司财务舞弊的风险,提高了财务报告的质量。同时,新的会计准则要求上市公司对受托责任进行披露,并对外公布对投资选择有关的财务信息,给会计信息决策有用观奠定了坚实的基础,从而使会计信息质量得到了提高。因此,实施新会计准则所带来的益处是多方面的。

根据 Ohlson 价格模型以及国内外众多研究经验,可以认为,当投资者做出投资决策时,会考虑净资产与剩余收益,因此,本书选取每股净资产(BVPS)和每股收益(EPS)作为两个解释变量,对股票价格进行回归,并做出假设 H1:

H1:每股净资产和每股收益都具有价值相关性,并且新准则实施有助于提高会计信息的价值相关性。

另外,我国现在仍处于发展中国家,各项法律制度还未完善,而制度的改变会影响到公司的外部资金需求,从而影响到财务报告动机,而会计准则与国际趋同后的影响是否以财务报告动机为前提条件?故做出假设 H2:

H2:会计准则趋同对股价的影响程度要取决于财务报告动机。

二、样本选取与数据来源

(1)研究期间:本书之研究期间自 2003 年至 2009 年,并以新准则实施日 2007 年 1 月 1 日为分界点,将研究期间分为前后两段。2003 年至 2006 年为中国旧准则《企业会计制度》的适用期间,属研究期间前段;研究期间后段则为中国新准则《企业会计准则体系》的适用期间。

(2)样本选择:本书选取了 2003 年至 2009 年间,在上海和深圳证券交易所

挂牌上市的中国公司为 10 017 个观察样本。并对原始样本进行了如下筛选:①剔除了特殊行业金融类上市公司②剔除了财务数据缺失的样本

为了减少与 2007 年之后国际准则趋同无关的混淆影响,本书将测试样本分为实验组与控制组。实验组中只包括在 A 股上市的公司,因其在 2007 年之前采用中国旧准则,而 2007 年之后采用了与国际趋同的新会计准则。控制组包括在 B 股上市的公司,因其虽在 2007 年之前采用旧会计准则,但是他们需要提供额外的与国际准则趋同的会计信息。因此,如果与国际准则趋同的新会计准则影响了中国上市公司,那么在 2007 年之后的影响主要体现在实验组中而不是控制组。如果两组均呈现出相似的影响效果,那么研究结果有可能受其他未知的混淆因素影响例如商业周期或时间趋势。

(3)样本数据:选取于国泰安 CSMAR 数据库,其中会计信息来源于 CSMAR 中国上市公司财务报表数据库,而股价来源于 CSMAR 中国股票市场交易数据库。

三、模型介绍

Barth 等提出价值相关性研究可用于评估某些会计指标如收益与净资产,是否能够反映出投资者用于评估公司权益的信息。他们认为大多数准则制定者的主要关注点是权益投资,财务报告的其他角色如合同,不会削弱价值相关性研究的重要性。所以,Barth 等提出会计准则的制定者如 FASB 与 IASB 和监管者对价值相关性研究更感兴趣。

本书通过检验会计信息价值相关性来评估国际会计准则趋同对中国上市公司的财务报告质量的影响。换句话说,研究目的就是为了评判在 2007 年之后,会计信息对于权益投资者在评估上市公司时是否更有用。

本书以奥尔森的价格模型为原始模型，通过检验每股净资产与每股收益对股票价格的解释能力，展现了会计信息价值相关性在新旧会计准则下之间的不同之处。同时在其基础上，引入控制组的虚拟变量。

本章将以下多元线性回归模型作为实证研究的模型，即

$$P_{i,t} = \alpha_0 + \alpha_1 BVPS_{i,t} + \alpha_2 EPS_{i,t} + \alpha_3 Post + \alpha_4 Post \times BVPS_{i,t} + \alpha_5 Post \times EPS_{i,t} + \varepsilon_{i,t}$$

其中 i 为公司，t 为年度，$P_{i,t}$ 为每一会计年度截止后四个月最后一天的股票收盘价，$BVPS_{i,t}$ 为每个会计年度末的每股净资产，$EP_{i,t}$ 为每个会计年度末的每股收益，$Post$ 为虚拟变量，在国际准则趋同后阶段设置为 1 否则为 0，$\varepsilon_{i,t}$ 为误差项。

关于被解释变量为每股市场价格（P）。关于股票市价的选取，选取哪一时点的股价进行研究也是一个很重要的问题。在此前的研究中，赵宇龙认为会计信息披露后市场仍存在后续反应，所以，选择股票价格的时点都会比会计信息披露的时点有一定程度的延迟，此后的许多研究在选择股票价格的时点上都存在一定的滞后，滞后时间从 3 个月到 6 个月不等。以我国目前证监会的有关规定来看，上市公司年报一般在下一年的 1 月 1 日到 4 月 30 日之间公布。故本模型中 P 是以每年 4 月最后一个交易日，即 4 月 30 日的股票收盘价作为研究样本。

该模型着重于每股收益与每股净资产在多大程度上可以解释股价。反应系数 α_1 与 α_2 捕获了在国际准则趋同前，股价对每股净资产与每股收益的敏感度。对于国际准则趋同后，模型利用 $Post$ 虚拟变量控制了每股净资产与每股收益的相互作用。例如，相互作用项 $Post \times EPS_{i,t}$ 表明了国际准则趋同前后盈余价值相关性间的不同。如果系数 α_5 是显著正数，这就表明了公司的股权价值在国际准则趋同后比趋同前对盈余更加敏感。从而说明在采用国际趋同后的新准则后，中国上市公司报告的收益给权益投资者在评估公司价值时提供了更多信息。

但是，为了可靠判定股权价值与盈余之间的关系强度增加的原因是与国际准则趋同，这就需要比较实验组与控制组间的效果。第一组实验组包括只在 A 股上市的公司，其在 2007 年首次采用与国际准则趋同的新准则。第二组控制组包括了同时在 A、B 两股上市的公司，其在 2007 年之前也需提供基于国际会计准则的额外会计信息。如果 2007 年之后的国际会计准则趋同提高了中国上市公司盈余的价值相关性，那么通过 α_5 捕获的效果应只在实验组中显著，而控制组则不。这是因为前者只在 2007 年后受国际准则趋同的影响，而后者在 2007 年之前已经受到国际准则的影响。

表 5-1　变量说明

变量	名称	变量说明
股价	Pt	会计年度后 4 个月最后一天的股票价格
净资产	$BVPSt$	会计年度末的每股净资产
净收益	$EPSt$	会计年度末的每股净收益
趋同后	$POST$	对于趋同后的样本为 1，否则为 0
制造业	$Manu$	制造业的观察样本为 1，否则为 0
政府分权指数	Gov	此指标统计了 2001 至 2007 年 GDP 百分比，地区税率与每个地区的政府管理条律的数量。高指数代表了较少的政府干涉
法律环境指数	$Legal$	此指标统计了 2001 至 2007 年律师占总人口的百分比，当地法院的效率与产权保护。高指数代表了更好的法律环境
信贷市场指数	$Credit$	此指数统计了 2001 至 2007 年国家财政部门掌控之外的存款，与每个地区从非国有部门的短期贷款比。高指数代表了更发达的信贷市场
东部地区	$East$	包括了北京，福建，广东，海南，河北，江苏，山东，上海，天津，浙江，黑龙江，吉林和辽宁
中部地区	Mid	包括了安徽，河南，湖北，湖南，江西和山西
西部地区	$West$	包括了重庆，甘肃，广西，贵州，内蒙古，宁夏，青海，陕西，四川，西藏，新疆和云南
地方国有企业	$LSOE$	如果最终控制权在地方政府，虚拟变量即为 1
中央企业	$CSOE$	如果最终控制权在中央政府，虚拟变量即为 1
非国有企业	$NSOE$	如果最终控制权在非国家部门，虚拟变量即为 1
外资企业	FS	如果最终控制权在外国投资者，虚拟变量即为 1
特殊处理	ST	如果在 t 年进行特殊处理，虚拟变量为 1
国家补贴	SUB	国家补贴以公司市场价值来衡量

四、实证研究

（一）描述性统计

表 5-2　样本来源

	观察样本
原始样本 2003-9（不包括金融类公司）	10,235
剔除缺少财务数据的公司	218
最终样本	10.017

表5-3 样本年度分布

年度	样本数量	百分比
2003	1,237	12.35
2004	1,326	13.24
2005	1,329	13.27
2006	1,394	13.92
2007	1,497	14.94
2008	1,574	15.71
2009	1,660	16.57
合计	10.017	100

表5-4 样本行业分布

行业	样本容晕	百分比	股票市值比 / %
农林牧渔业	261	2.61	1.45
采掘业	178	1.78	10.57
制造业	5,891	58.81	48.18
电力煤气业	426	4.25	6.14
建筑业	212	2.12	2.29
交通运输业	427	4.26	7.06
信息技术业	651	6.5	5.88
批发零售业	637	6.36	5.27
房地产业	442	4.41	6.14
社会服务业	300	2.99	2.22
传播文化业	77	0.77	0.64
综合类	515	5.14	4.16

表5-5 样本描述性统计

	会计准则国际趋同前（2003-6）						会计准则国际趋同后（2007-9）					
	Panel A：全部样本											
	Obs.	Mean	25th	50th	75th	Std	Obs.	Mean	25th	50th	75th	Std
			pct	pct	pct				pct	pct	pct	
P	5286	8.296	4.040	6.670	10.490	5.811	4731	12.489a	7.140	10.250a	16.130a	6.973
EPS	5286	0.155	0.030	0.130	0.300	0.290	4731	0.261a	0.050	0.210a	0.469	0.339
BVPS	5286	2.742	1.753	2.659	3.641	1.370	4731	2.958a	1.760	2.810a	4.067	1.614

	Obs.	Mean	25th pct	50th pct	75th pct	Std	Obs.	Mean	25th pct	50th pct	75th pct	Std
			Panel B：实验组样本									
P	4942	8.292	4.040	6.645	10.470	5.853	4446	12.625a	7.190	10.350a	16.340	7.057
EPS	4942	0.155	0.033	0.131	0.300	0.290	4446	0.263a	0.055	0.210a	0.470	0.339
BVPS	4942	2.769	1.792	2.675	3.658	1.354	4446	3.001a	1.812	2.836a	4.101	1.597
Manu	4942	0.578	0.000	1.000	1.000	0.494	4446	0.591	0.000	1.000	1.000	0.492
Gov	4942	8.372	7.750	8.510	9.460	1.339	4446	8.460a	7.750	8.530a	9.570	1.310
Legal	4942	5.811	3.810	5.130	7.780	2.718	4446	5.979a	3.810	5.300a	8.390	2.695
Credit	4942	8.122	6.320	8.410	10.560	2.331	4446	8.320a	6.780	8.440a	10.820	2.332
East	4942	0.612	0.000	1.000	1.000	0.487	4446	0.638a	0.000	1.000a	1.000	0.481
Mid	4942	0.173	0.000	0.000	0.000	0.378	4446	0.165	0.000	0.000	0.000	0.372
West	4942	0.215	0.000	0.000	0.000	0.411	4446	0.197b	0.000	0.000b	0.000	0.398
IOE	4942	0.529	0.000	1.000	1.000	0.499	4446	0.411a	0.000	0.000a	1.000	0.492
CSOE	4942	0.156	0.000	0.000	0.000	0.363	4446	0.180a	0.000	0.000a	0.000	0.384
NSOE	4942	0.314	0.000	0.000	1.000	0.464	4446	0.410a	0.000	0.000a	1.000	0.492
FS	4942	0.060	0.000	0.000	0.000	0.238	4446	0.070c	0.000	0.000c	0.000	0.255
ST	4923	0.084	0.000	0.000	0.000	0.278	4386	0.083	0.000	0.000	0.000	0.277
SUB	4930	0.002	0.000	0.000	0.002	0.004	4371	0.002a	0.000	0.001a	0.003	0.004

其中 Panel A 基于全部观测样本，包括实验组与对照组。表明从国际准则趋同开始，股票价格的中位数由 6.67 元大幅增至 10.25 元，几乎翻了一番。在同一期间，每股收益的中位数以相似的增长幅度由 0.13 元增值 0.21 元。但是，每股净资产的中位数在两段期间内相近，分别为 2.659 元与 2.81 元。因此，随着时间推移样本中中国上市公司的股权价值随着他们的盈利能力增加而增加。

Panel B 只基于实验组样本，同全部观测样本结果一样，股票价格与每股收益的也大幅一致增长。

表 5-6 相关系数矩阵
Panel A：全样本

	P	BVPS	EPS	POST
P		0.449	0.577	0.358
BVPS	0		0.627	0.06
EPS	1	0.616		0.153
POST	0	0.072	0.166	

	P	BVPS	EPS	POST	Uanu	Gov	Legal	Credi i	East	Hid	West	LSOE	CSOE	SSOE	FS	ST	SUB
																	Panel B：实验组样本
p		0.448	0.579	0.366	0.014	0.062	0.072	0.049	0.033	−0.014	−0.027	−0.099	0.063	0.054	0.022	−0.194	0.108
BVPS	0.481		0.623	0.064	0.037	0.033	0.045	0.003	0.037	0.036	−0.077	0.07	0.024	−0.091	0.025	−0.410	0.102
EPS	0.602	0.617		0.156	−0.009	0.099	0.106	0.075	0.075	−0.005	−0.085	−0.025	0.018	0.013	0.026	−0.265	0.049
POST	0.318	0.078	0.17		o.oia	0.037	0.034	0.042	0.026	−0.009	−0.023	−0.119	0.031	0.099	0.019	−0.003	0.223
Hanu	0.018	0.033	−0.007	0.013		−0.078	−0.145	−0.010	−0.105	0.091	0.041	−0.028	−0.037	0.058	0.096	0.017	0.09
Gov	0.039	0.05	0.092	0.033	−0.066		0.756	0.708	0.587	−0.258	−0.464	−0.121	−0.001	0.127	0.106	−0.067	0.086
Legal	0.055	0.036	0.093	0.031		0.654		0.604	0.784	−0.486	−0.487	−0.129	0.061	0.087	0.109	−0.050	0.097
Credit	0.038	0.003	0.073	0.043	0.018	0.584	0.555		0.548	−0.347	−0.206	−0.090	−0.132	0.196	0.103	−0.024	0.108
East	0.027	0.034	0.073	0.027	−0.106	0.548	0.697	0.424		−0.582	−0.657	−0.105	0.036	0.081	0.087	−0.029	0.049
Hid	−0.009	0.036	−0.005	−0.010	0.091	−0.154	−0.390	−0.331	−0.512		−0.230	0.075	−0.006	−0.073	−0.028	−0.023	−0.033
West	−0.025	−0.074	−0.083	−0.023	0.042	−0.513	−0.473	−0.200	−0.657	−0.230		0.056	−0.038	−0.029	−0.078	0.056	−0.028
LSOE	−0.099	0.061	−0.024	−0.119	−0.028	−0.098	−0.105	−0.075	−0.105	0.075	0.056		•0.425	−0.710	−0.075	−0.063	−0.021
CSOE	0.052	0.022	0.017	0.031	−0.037	0.016	0.072	−0.V2S	0.036	−0.006	−0.038	−0.420		−0.336	−0.015	−0.047	0.021
SSOE	0.062	−0.081	0.011	0.099	0.058	0.09	0.054	0.178	0.081	−0.073	−0.029	−0.710	−0..136		0.09	0.103	0.006
FS	0.026	0.027	0.03	0.02	0.096	0.093	0.106	0.105	0.087	−0.029	−0.078	−0.075	−0.015	0.09		−0.021	0.017
ST	−0.169	−0.413	−0.243	−0.004	0.015	−0.070	−0.052	−0.026	−0.028	−0.023	0.005	−0.063	−0.047	0.103	−0.021		−0.097
SLB	−0.029	0.046	•0.018	0.077	0.034	0.001	0.04	0.031	0.026	−0.018	•0.015	0.018	0.008	−0.025	−0.021	−0.018	

此表为相关矩阵，在对角线下的部分为皮尔森相关系数，对角线上的部分为斯皮尔曼相关系数。

斯皮尔曼相关系数：对不服从正态分布的资料、原始资料等级资料、一侧开口资料、总体分布类型未知的资料不符合使用积矩相关系数来描述关联性。此时可采用秩相关，也称等级相关，来描述两个变量之间的关联程度与方向。这类方法对原始变量分布不作要求，属于非参数统计方法。其中最常用的统计量是斯皮尔曼秩相关系数 r_s，又称等级相关系数，介于 −1~1 之间，$r_s < 0$ 为负相关 $r_s > 0$ 为正相关。秩相关系数是总体相关系数 p_s 的估计值。

在统计学中，皮尔曼相关系数通常用 r 或 p 表示，是用来度量两个变量 X 和 Y 之间的相互关系（线性相关）的，取值范围在 −1 到 1 之间。皮尔逊积矩相关系数在学术研究中被广泛应用来度量两个变量线性相关性的强弱。相关系数的绝对值越大，相关性越强，相关系数越接近于 0, 相关度越弱。

由表 5-6 Panel A 可以看出, 每股收益对股价的斯皮尔曼相关系数 0.577 高于每股净资产的 0.449; 同时每股收益对股价的皮尔森相关系数 0.601 也高于每股净资产的 0.481, 因此, 可以得出每股收益与股票价格具有更强的相关性。

由表 5-6 Panel A 可以看出每股收益与股票价格同样具有更强的相关性。与此同时, 股价与某些变量成正相关, 如制造业 (Manu), 更发达地区 (Gov, Legal, Credit and East), 非国有企业, 国有控股企业以及外资企业。而与欠发达地区 (Mid and West), 地方控股企业, 政府补贴呈负相关。

（二）实验组与控制组的价值相关性测试

表 5-7　价值相关性

	实验组		控制组		差异显著性测验
	Coeff.	*T-stat.*	*Coeff.*	*T-stat.*	
Intercept	7.154a	−4.32	4.786a	−7.03	
BVPS	1.136a	•17.06	1.224a	−4.82	
EPS	4.276a	−15.95	6.395a	•7.14	
Post	3.739a	−17.63	2.030a	−3.09	
Post × BVPS	0.087	−1.29	0.235	−1.03	NO
Post × EPS	0.622c	−1.9	−0.549	(−0.47)	YES
Firm fixed effect	YES		NO		
Observations	9388		629		

注: a 表示对应变量的参数能通过显著水平为 1% 的 t 检验。

如表 5-7 所示列出了价值相关性测试的回归结果分析。前文提到过实验组只包括在 2007 年首次采用与国际会计准则的新会计准则的上市公司, 而控制组由 2007 年之前已经提供与国际准则趋同的会计信息的上市公司组成。因此, 如果国际准则的趋同在 2007 年对财务报告质量有任何直接影响, 那么应该只对实验组有影响而控制组没有。

在实验组的公司中, 可以明显看出每股净资产与每股收益的系数均显著为正, 分别为 1.136 和 4.276。这就说明在中国与国际准则趋同前净资产与收益均是价值相关的。相互作用项 *Post × BVPS* 与 *Post × EPS* 的系数分别为 0.087 与 0.622, 这说明实验组中公司盈余的价值相关性在国际准则趋同之后比趋同前逐渐提高。再来看控制组, 尽管每股净资产 (1.224) 与每股收益 (6.395) 的系数也均显著为正, 但是 *Post × BVPS* (0.235) 与 *Post × EPS* (−0.549) 的系数不显著。因此, 在 2007 年后控制组的每股净资产与每股收益的价值相关性均没有提升。

只有实验组中上市公司盈余的价值相关性显著增加，而控制组则没有，这就进一步加强了观测到的影响是由于2007年后与国际准则趋同的推论。这就同样减少了由于其他混淆因素影响结果的可能性，如商业周期和时间趋势。换句话说，有证据可以表明整体上国际准则趋同提高了中国上市公司盈余的信息含量。这也就符合了之前的假设H1。

（三）行业分类价值相关性测试

表5-8　行业分析

Panel A：制造业与非制造业							
	Intercept	BVPS	EPS	Post	Post XBVPS	Post X EPS	Obs.	Adj.R2
制造业	4.193a	1.217a	4.040a	4.727a	−0.015	1.306a	5,484	0.766
	（14.97）	（13.80）	（11.64）	（16.69）	（−0.17）	（3.14）		
非制造业	5.130a	1.074a	4.538a	2.381a	0.236b	−0.276	3,904	0.759
	（16.07）	（10.38）	（10.71）	（7.33）	（2.20）	（−0.51）		
显著差异性检验					NO	YES		
Panel B：行业分类价值相关性							
	Intercept	BVPS	EPS	Post	Post XBVPS	Post X EPS	Obs.	Adj.R2
农林牧渔业	2.577b	1.477a	2.931c	3.357a	1.043a	−1.507	255	0.783
	（2.06）	（3.98）	（1.88）	（2.77）	（2.74）	（−0.78）		
采掘业	4.150b	1.206b	7.450a	3.62	1.159	−2.455	178	0.761
	（2.11）	（2.02）	（2.76）	（1.30）	（1.30）	（−0.61）		
制造业	4.193a	1.217a	4.040a	4.727a	−0.015	1.306a	5,484	0.766
	（14.97）	（13.80）	（11.64）	（16.69）	（−0.17）	（3.14）		
电力煤气业	3.369a	1.566a	3.232a	3.172a	−0.745b	−1.172	405	0.664
	（3.81）	（5.70）	（2.94）	（3.29）	（−2.50）	（−0.90）		
建筑业	5.010a	0.66	4.574b	3.812a	−0.074	0.08	212	0.805
	（3.77）	（1.62）	（2.08）	（2.85）	（−0.18）	（0.03）		
交通运输业	5.793a	0.392	9.456a	2.343b	−0.192	−3.448c	391	0.619
	（5.07）	（1.05）	（6.55）	（1.98）	（−0.47）	（−1.89）		
信息技术业	7.561a	1.367a	3.597a	1.747b	0.414	−1.151	624	0.801
	（8.46）	（5.50）	（3.63）	（2.03）	（1.61）	（−0.85）		

Panel B：行业分类价值相关性							
	Intercept	*BVPS*	*EPS*	*Post*	*Post XBVPS*	*Post X EPS*	*Obs.*	*Adj.R2*
批发零售业	3.850a	0.947a	6.786a	2.604a	0.833a	−0.194	615	0.798
	（5.05）	（3.52）	（6.54）	（3.44）	（3.21）	（−0.15）		
房地产业	2.389b	1.414a	5.223a	2.934a	−0.313	−2.277	390	0.693
	（2.44）	（4.61）	（4.17）	（3.25）	（−1.16）	（−1.44）		
社会服务业	4.443a	1.177a	6.279a	1.73	0.951c	−5.277b	265	0.834
	（3.60）	（2.62）	（3.84）	（1.40）	（1.89）	（−2.11）		
传播文化业	7.778a	1.054c	10.464a	0.549	1.485b	−6.096	69	0.838
	（4.08）	（1.82）	（3.23）	（0.28）	（2.38）	（−1.55）		
其他	5.288a	1.133a	1.534	4.156a	−1.022a	3.423b	500	0.679
	（7.73）	（3.91）	（1.33）	（5.32）	（−3.19）	（2.13）		

在 Panel A 中，制造业（1.217, t-stat =13.80）与非制造业（1.074, t-stat =10.38）的 *BVPS* 系数大体相似。与此同时，*EPS* 的系数在制造业（4.040, t-stat =11.64）与非制造业（4.538, t-stat =10.71）间也大体相同。换句话说，在我国以规则为导向的旧会计准则下，制造业公司与非制造业公司间每股收益与每股净资产的价值相关性在很大程度上是一致的。

交互项 *Post* × *BVPS* 的系数在非制造业（0.236, t–stat =2.20）中显著为正，但是在制造业（−0.015, t–stat=−0.17）中为负，并且差异在统计上是不显著的。相反，交互项 *Post* × *EPS* 的系数在制造业（1.306, t–8131=3.14）中显著为正，而在非制造业（−0.276, t–3131=−0.51）中则为负。另外，*Post* × *EPS* 在制造业与非制造业中的差异在统计上是显著的。因此，此统计上显著证据表明会计准则的国际趋同对每股收益的影响在制造业公司中更大。

在 Panel B 中，将非制造业进行细分，在大部分情况下非制造业的 *Post* × *EPS* 系数更低。这就与之前的假设相符，即相比于其他行业，有更多的制造业公司在准则趋同后财务报告质量有所提升。这有可能是由于在制造业中的外部资本竞争更加激烈，需要与外部投资者进行更密切的沟通。这与之前的假设 2，趋同的影响大小是以制度因素为前提的相符合。

综上，我国上市公司的每股净资产在国际准则趋同前后都与股票价格正相关，而每股收益与股票价格在趋同前后呈负相关。但是，在采用新会计准则后，报告盈余的价值相关性只在实验组变得更显著，而控制组则没有明显变化。也就是说，在趋同后报告盈余对于投资者来讲变得更加有价值，这一变化除了趋同因素很难找到其他干扰因素。

参 考 文 献

[1] 龙月娥 . 中国企业会计准则国际趋同的经济后果研究 [M]. 大连：东北财经大学出版社 , 2014.

[2] 曲晓辉 . 中国会计准则的国际趋同效果研究 [M]. 上海：立信会计出版社 , 2011.

[3] 余坚作 . 企业合并会计准则解读与案例分析 [M]. 北京：中国市场出版社 , 2022.

[4] 唐伟 . 政府会计准则和制度下高等学校会计实务 [M]. 南京：东南大学出版社 , 2022.

[5] 葛言妍 . 中国企业会计准则国际趋同效果的实证研究 [D]. 吉林大学 , 2016.

[6] 李婉宁 . 公司治理在会计准则国际趋同中的角色 —— 基于双重上市公司信息披露的视角 [D]. 对外经济贸易大学 , 2018.

[7] 景秋韵 . 会计准则国际趋同，国际化经营与企业价值 [D]. 对外经济贸易大学 , 2017.

[8] 王迪 . 我国会计准则与国际会计准则趋同效果研究 [D]. 辽宁师范大学 , 2016.

[9] 石水平 . 论会计准则的国际趋同与等效 [D]. 厦门大学当代会计评论编辑部 , 2015.

[10] Zuhair A.A. Barhamzaid 祖海 . 会计准则国际趋同对中国会计稳健性的影响 [D]. 东北财经大学 , 2018.

[11] 张文汐 . 中国会计准则与国际会计准则下的会计质量比较 [D]. 复旦大学 , 2016.

[12] 张丽丽 . 会计准则国际趋同与境外融资 [D]. 中央财经大学 , 2015.

[13] 袁红 . 会计准则制订程序与国际会计准则应用 [D]. 厦门大学 , 2019.

[14] 田璧 . 会计准则执行机制国际趋同研究 [D]. 财政部财政科学研究所 , 2015.

[15] 余在敏 . 会计准则国际发展的利益关系分析 [J]. 财会学习 , 2018（13）：1.

[16] 叶康涛，臧文佼 . 会计准则国际趋同的经济后果：一个分析框架 [J]. 中南财经政法大学学报 , 2018（1）：10.

[17] 李玲 . 中国会计准则与国际会计准则趋同研究 [J]. 河北企业 , 2019（4）：2.

[18] 张博，韩亚东，徐经长 . 会计准则国际趋同与"一带一路"建设 —— 基于中国对"一带一路"沿线各国直接投资视角的研究 [J]. 经济理论与经济管理 , 2020（12）：14.

[19] 徐霞. 论我国企业会计准则的国际趋同进程 [J]. 中外企业家，2018（21）：2.

[20] 汤汉玉. 关于我国会计准则与国际趋同过程中的问题研究 [J]. 财经界，2020（3）：1.

[21] 李莉. 从新会计准则看我国会计准则的国际化发展趋势 [J]. 中外企业家，2018，613（23）：21.

[22] 耿建新，赵越. 政府补助会计准则的国际趋同与贸易争端 [J]. 财会月刊，2020（9）：8.

[23] 赵雅. 中国会计准则与国际会计准则的差异及趋同研究 [J]. 企业改革与管理，2018（1）：3.

[24] 戴德明. 会计准则国际趋同：回顾与展望 [J]. 财会月刊，2020（23）：4.

[25] 卢春霞. 会计准则国际趋同中会计教育的思考 [J]. 中国注册会计师，2021(9):4.

[26] 曹国俊. 浅析国际会计准则新发展对我国金融业的影响 [J]. 中国注册会计师，2022（6）：5.

[27] 戎晓英，王宇娟，王雨歆. 我国会计准则国际趋同的市场反应研究 —— 以XX公司为例 [J]. 财会学习，2022（1）：4.

[28] 陈波，黄真. 我国会计准则国际趋同问题及对策研究 [J]. 湖北经济学院学报：哲学社会科学版，2010（1）：24.

[29] 宋淇瑜. 会计准则国际趋同背景下的中国思考 [J]. 大众标准化，2021(14): 258-260.

[30] 张潇尹. 中国会计准则国际趋同目的之等效性研究 [J]. 上海商业，2022（3）：3.

[31] 刘素彤. 我国会计准则与国际趋同问题研究 [J]. 合作经济与科技，2022（13）：3.

[32] 丁锋，张雪鸣. 我国会计准则国际趋同进程研究 [J]. 合作经济与科技，2021（13）：2.

[33] 张为国. 影响国际会计准则的关键因素之一：大国博弈 [J]. 财会月刊，2021(2): 3-11.

[34] 于红. 国际会计准则趋同变化对我国会计行业发展的影响研究 [J]. 消费导刊，2021(15)：209.

[35] 高仪凝. 经济全球化背景下会计准则国际趋同的演进 [J]. 财会学习，2021（11）：3.